Ilsetraud Köninger – Beatrix Moos

AUF DEN ZWEITEN BLICK

CHAGALL UND DIE BIBEL

Ilsetraud Köninger – Beatrix Moos

AUF DEN ZWEITEN BLICK

CHAGALL UND DIE BIBEL

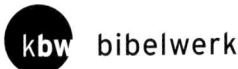

www.bibelwerk.de

ISBN 9/8-3-460-27228-6

© 2007 Verlag Katholisches Bibelwerk GmbH, Stuttgart
Umschlag: Finken & Bumiller, Stuttgart
Layout: Anna-Katharina Stahl, Stuttgart
Druck und Bindung: freiburger graphische betriebe

INHALTSVERZEICHNIS

EINFÜHRUNG

Ich hob gemolt di went di helle,
di klesmer, tenzer oif der bihne,
mit farbn, bloie, roite, gele
hob ich geschonken aich a schechine.*

Ich will mit aich, varschtumte brider,
zusammen loifn zu di schtern.
di nacht di finstere wet lichtig wern,
mir wellen singen naie lider
un alle velker welln hern.

* Herrlichkeit

Ein noch knapperes Resümee zu Inhalt, Methode und Intention seines künstlerischen Schaffens wie diese poetischen Zeilen Chagalls, ist kaum vorstellbar. Und ein weiterer Satz aus seiner Feder verdeutlicht sein Anliegen nach Kommunikation:

Türen öffnen, das ist gut
– was versuche ich anderes

Eine besondere Tür hat Chagall geöffnet, die des „Musée National Message Biblique Marc Chagall" in Nizza, und in diesem Museum hat er mit seinen malerischen Mitteln auf besondere Weise den Zugang eröffnet zu Geschichten aus der hebräischen Bibel. Sie sind für Chagall „die größte Quelle der Poesie aller Zeiten".

In seiner Rede zur Eröffnung des Museums bringt er seinen innigsten Wunsch zum Ausdruck, dass über diese seine Bilder ein Dialog der Religionen, der Generationen, der Kulturen und das „Singen neuer Lieder" beginnen, und sein Sehnsuchtstraum von einer in friedlichem Austausch vereinten Welt Wirklichkeit werden könnte.

Chagalls Gemälde, Ergebnis oft jahrelanger Vorstudien, laden nach dem ersten Blick, der vielleicht ein flüchtiger, zufälliger, ein von Neugier oder von einem momentanen Suchinteresse geleiteter sein kann, ein zu einem zweiten Blick.

Der zweite Blick ist ein verweilender. Er beginnt, hinter dem vordergründig Gegenständlichen die hintergründige Botschaft zu suchen und zu entdecken, deren „Sprache" oder „Wortschatz" die fast unzähligen malerischen Ausdrucksmittel und Kompositionsstrukturen sind, auf die unsere Bildinterpretationen hinweisen: das Format, die Lokalisierung der Bildzeichen, die Linienführung, die Farben und Formen, die Größenverhältnisse, die Körperhaltungen und Blickrichtungen, korrespondierende Bildzeichen, Verbindungen, Leerräume u.v.a.m.

Den zweiten Blick hilfreich zu begleiten ist die Absicht dieses Buches. Bilder kommunizieren in übernational-sprachlicher Weise. Und dennoch sind sie auch gemalt in der „Fremdsprache" des jeweiligen Künstlers oder der jeweiligen Künstlerin. Ihre Entschlüsselung, z.B. Chagalls ziegenköpfige Menschengestalten, die Doppelhalbmonde, das Leiter-Motiv, der Hahn, die Vögel, die kopfstehenden

Elemente, die Fische, der Leviathan usf. ist das Ergebnis umfangreicher Studien. Wir verdanken wesentliche Hinweise der Dissertation von Christoph Goldmann.[1]

Der zweite Blick entdeckt vielleicht den Künstler Marc Chagall als den gläubigen Juden chassidischer Prägung, dessen Kindheit und Alltag durchdrungen und getragen war von der überzeitlichen Gegenwärtigkeit der biblischen Erzählungen, und dessen Gemälde deshalb alle Ebenen des Historischen, des Archetypischen, des Religiösen und Alltäglichen, des Individuellen und übergreifenden Globalen miteinander verknüpfen. Diese Gemälde sind eine Einladung an alle Betrachtenden, die eigenen Lebenserfahrungen einzubringen, sich auf ein dialogisches Geschehen einzulassen.

Die interpretierenden Hinweise dieses Buches sind nicht ‚maßgeblich‘ in dem Sinne, dass sie die einzig möglichen Deutungen wären. Sie setzen Impulse; sie ermutigen zur Langsamkeit und zur eigenen Kreativität. Sie initiieren vielleicht auch den Austausch mit anderen.

Die ausgewählten Stellen aus der Bibel, die in Bezug stehen zu den Themen der jeweiligen Gemälde, laden zum Nachlesen ein. Sie vertiefen möglicherweise auch das Bildverständnis.

Die kurzen exegetischen Erläuterungen, die da und dort einen Einblick vermitteln in historische, kulturelle, soziologische Zusammenhänge und Gegebenheiten, erleichtern das Textverständnis.

ABB. 1 DIE ERSCHAFFUNG DES MENSCHEN, 1960–1966

ERSCHAFFUNG DES MENSCHEN –
MENSCH-WERDUNG

GEN 1,1-2,4A

// GOTT SCHUF DEN MENSCHEN
IN SEINEM BILDE
IM BILDE GOTTES SCHUF ER IHN.
MÄNNLICH UND WEIBLICH SCHUF ER SIE. //
[Gen 1,27]

Das dunkle Ur-Element Wasser, die Ur-Gebärmutter allen Lebens, ist gleichsam der blaudunkle Schoß des Bildes, der sich über zwei Drittel der Szene ausdehnt. Das noch Ungeformte und sich Formende, angedeutet in geraden und geschwungenen Linien, öffnet sich dem Spiel des Lichtes, dessen Quelle nicht festzulegen ist.

Im Mittelpunkt dieses kraftvoll sich gebärdenden Tohu-wa-bohu, die Leibesmitte einer Menschengestalt, sonnenrund geformt, wie die einer Schwangeren. Dieser Mensch – männlichen und weiblichen Geschlechtes – auf der Brust und zur Leiste hin gezeichnet vom göttlichen Goldlicht, ist, obwohl noch nicht „erweckt", der leuchtende Mittelpunkt im Schöpfungsdunkel, in das alles eingeborgen ist: mineralisches, pflanzliches, tierisches, menschliches Leben. Selbst Ochs und Esel in der linken unteren Ecke spiegeln das göttlich-goldene und das Licht der Feuersonne wider.

[ABB. 1a] [ABB. 1b]

Ein göttlicher Bote – dunkel *und* hell und goldlichtig – mit riesigen Flammenflügeln in einer leisen Abwärtsbewegung, den Blick zurückgewandt, als erwarte er den richtungsweisenden Auf-Trag, hebt den Menschen, zusammen mit einem dunklen, schlangenartigen Gebilde, in eine Bewegung hinein. [vgl. ABB. 1a]

// IHR, DIE IHR MIR AUFGEBÜRDET SEID VOM MUTTERLEIB AN,
DIE VON MIR GETRAGEN WURDEN, SEIT SIE DEN SCHOSS IHRER MUTTER VERLIESSEN.
ICH BLEIBE DERSELBE, SO ALT IHR AUCH WERDET,
BIS IHR GRAU WERDET, WILL ICH EUCH TRAGEN.
ICH HABE EUCH GETRAGEN UND ICH WERDE EUCH WEITERHIN TRAGEN,
ICH WERDE EUCH SCHLEPPEN UND RETTEN. //

[Jes 46,3-4]

Diese Verheißung übersetzt Chagall in eine bildhaft-visionäre Sprache: Der Mensch, getragen, gehalten von göttlicher Lebenskraft, inmitten der kreisenden, wirbelnden Vielfalt dieser Welt. Ihm ist ein verlässlicher Grund gegeben, ein Halt, der nicht festhält und einengt, sondern eigene Bewegung und Gehen auf eigenen Wegen zulässt.

Über diesem Geschehen kreist ein Feuerrad mit vielfarbigen Strahlenschweifen, mit vielfältigen Szenen aus biblischen Erzählungen und menschlichem Alltag: Ein Harfe spielender David lässt seinen tröstlichen Gesang ertönen, ein Priester schwingt einen Leuchter, ein Sinnierender oder Bettelnder sitzt am Straßenrand, eine ziegenköpfige Gestalt (Chagall selbst[2]) hält die rote Tora im Schoß, blickt hinüber zu der sich ihm zuwendenden weiblichen Vogelgestalt im gleichen Rot (Chagalls Frau Bella ist hier gegenwärtig, getrennt von ihm durch den Tod und doch vereint); am Fuße der Jakobsleiter eine Gestalt mit einem Buch, das Buch der Geschichte Jakobs und Israels? Am oberen Ende ein anderer, der ins Licht der Erkenntnis getaucht zu sein scheint oder Ermutigendes verkündet. [vgl. ABB. 1b]
Menschengruppen in notvollem oder schützendem Zusammenrücken sind erkennbar, geflügelte Botengestalten bringen einen Blumenstrauß, und aus all dem Geschehen erwächst der Gekreuzigte[3], der nicht festgenagelt erscheint, dessen erhobene Arme eher an den Jubel eines Befreiten erinnern. Sein Lendentuch trägt das Muster eines jüdischen Gebetsschals: Über alle Grenzen der Zeit, der Kulturen, der Religionen hinweg „Mensch-Werdung", sich immer gegenwärtig ereignend in der Menschheitsgeschichte und in der Geschichte jedes einzelnen Menschenschicksals, so stellt es Chagall dar.

Als Abbild Gottes galten in den Nachbarkulturen Israels Götterstatuen und Kultbilder, die die Gottheit im Tempel repräsentieren sollten. Auch Könige, die als beauftragte Statthalter Gottes über das Land herrschten, verstanden sich als Abbilder der Gottheiten.

In Israel dagegen gibt es nur *ein* legitimes Bild Gottes: Der lebendige Mensch im Mannsein und im Frausein, ist Abbild Gottes. „Bild von Jemand sein" heißt in biblischem Sprachgebrauch auch „Tochter sein, Sohn sein".

In dieser jüdischen Tradition malt Chagall die Menschen immer wieder als Bilder von Gott, junge und alte, tanzende und klagende, leidende und singende, einsame und einander umarmende, fragende und wissende, Töchter Gottes, Söhne Gottes.

[ABB. 1c]

Chagalls Bild zeigt noch eine dritte Wirklichkeit: die des reinen göttlich-goldenen Lichttons im linken oberen Bildviertel [vgl. ABB. 1c]. Dort empfängt der ge- oder beflügelte Mose – erkennbar auch an seinen beiden Strahlen auf dem Kopf – das göttlich-richtungsweisende Lebensgesetz, dort erklingt das Signal des tönenden Schofar, dort schwebt ein Fisch mit einer Hand: der Leviathan, als Symbol für das Zerstörerisch-Aggressive, das die Hand erhebt gegen die göttliche Ordnung. Er ist hineingenommen in den göttlichen Bereich, entmachtet; dort sind auch Menschen, singend, rufend, jubelnd, flehend? Die „Erschaffung des Menschen": Chagall erlebt sie nicht als ein punktuell-einmaliges Ereignis, sondern als ein zeitlos gegenwärtiges Geschehen, ein Werden des Menschen, der gestaltet und gestaltend eingefügt ist in ein göttlich-kosmisches und gesellschaftliches Ganzes.

Gott spricht zu jedem nur, eh er ihn macht,
dann geht er schweigend mit ihm aus der Nacht.
Aber die Worte, eh jeder beginnt,
diese wolkigen Worte, sind:

Von deinen Sinnen hinausgesandt,
geh bis an deiner Sehnsucht Rand;
gib mir Gewand.

Hinter den Dingen wachse als Brand,
dass ihre Schatten, ausgespannt,
immer mich ganz bedecken.

lass dir Alles geschehn: Schönheit und Schrecken.
Man muss nur gehn: Kein Gefühl ist das Fernste,
lass dich von mir nicht trennen.

Nah ist das Land,
das sie das Leben nennen.
Du wirst es erkennen
an seinem Ernste.
Gib mir die Hand.

RAINER MARIA RILKE

ABB. 2 DAS PARADIES, 1961

DER GARTEN „WONNE" – DAS PARADIES

GEN 2,4B-25

// ER, GOTT, PFLANZTE EINEN GARTEN IN EDEN, ÜPPIGLAND, OSTWÄRTS, UND LEGTE DAREIN DEN MENSCHEN, DEN ER GEBILDET HATTE. //

[Gen 2,8]

Der Garten Eden, das „Üppigland" oder der Garten „Wonne" in vitalem Blau und Grün wogt dem Blick entgegen, durchzogen von schwungvollen Linien – Ackerfurchen, Erdschollen, Rinnsalen ... Dieser Grund ist die Matrix für das sich lustvoll gebärdende Leben in diesem Paradiesesgarten, der keinen Zaun, keine Begrenzung erleidet.

Das Motiv des Paares, der Paarung, nicht nur im zeugenden Sinne, sondern auch in der Bedeutung des Zwei-Seins, ist in vielen Variationen inszeniert: Doppelwolke, Vogelpaar, Fischpaar, Schafpaar, Menschenpaare, Flügelpaare, gepaarte Farben.

// ER, GOTT, SPRACH:
NICHT GUT IST ES, DASS DER MENSCH ALLEIN SEI,
ICH WILL IHM EINE HILFE MACHEN, IHM GEGENPART. //

[Gen 2,18]

In der Paradieserzählung wird in mythologischer Redeweise der androgyne Mensch in ein je eigenständiges weibliches und ein männliches Wesen getrennt. Menschsein existiert in zwei Erscheinungsformen, in der Differenz von Mann und Frau. Sie sind in ihrem jeweiligen Anderssein aufeinander bezogen, als gegenseitige Hilfe im Gegenüber, im Gegenspiel, nicht in Anpassung, nicht in Verschmelzung, nicht in Über- und Unterordnung. Aus der Verschiedenheit erwächst die Beziehung, das Zusammengehören, die Liebe, die Freude aneinander.

Das Gemälde ist in zwei Zonen aufgeteilt, schildert zwei Seinsweisen, ist also auch auf diese Weise eine Gegenüber-Stellung: Die linke Hälfte stellt das Noch-Nicht, das Noch-Getrennte dar, das im Werden Begriffene, die rechte die beglückende Vollendung.

Links ganz am unteren Rand, im breiten Sitz flächig mit der Erde verbunden, lehnt der „Erdling" Adam (hebr. Adamah = Erde), die leibgewordene göttlich-goldene Idee, an einer Andeutung von Felsen, wie in einem Zustand der Trance [vgl. ABB. 2a]. Er erwächst wie ein Trieb aus seinem Becken. Der über den Kopf geschlungene Arm gibt seine rechte Brustseite frei. Von dort entschwand – noch sichtbar im Dunkel am linken Bildrand, Lilith (im jüdischen Volksglauben die erste Frau Adams, und in der Kabbala

[ABB. 2a]

die Königin des Bösen und Mutter vieler Dämonen), ihre Füße umflossen von zwei Fischen und rücklings gedrängt durch eine faunartige Gestalt. Diese rechte Seite Adams ist nun frei für den „Eingriff" Gottes. Ein aus dem Dunkel von rechts auf Adam zustoßender Schofar blasender Bote scheint ihn wecken zu wollen für einen Anruf.

// ER, GOTT, SENKTE AUF DEN MENSCHEN BETÄUBUNG, DASS ER ENTSCHLIEF, UND NAHM EINE VON SEINEN RIPPEN UND SCHLOSS FLEISCH AN IHRE STELLE. ER, GOTT, BAUTE DIE RIPPE, DIE ER VOM MENSCHEN NAHM, ZU EINEM WEIBE UND BRACHTE ES ZUM MENSCHEN. //
[Gen 2,21f]

[ABB. 2b]

Wie eine sich teilende Keimzelle schwebt eine weiße Wolke der Gottes-Gegenwart achtförmig über Adam. In ihrer rechten Hälfte ist in der Höhe des Beckens von Eva ein Gesicht angedeutet: Offenbarung und Verhüllung Gottes zugleich [vgl. ABB. 2b]. Die Wolke verhüllt noch den Schoß Evas, so wie auch Adam sein Geschlecht bedeckt. Ein riesiges vogelähnliches Wesen, in farblicher Entsprechung zum Schofar blasenden Geflügelten, und mit demselben Gestus wie Adams rechter Arm, hat mit seinen, einem Baldachin ähnlichen, Schwanzfedern zugleich etwas Behütendes und Freigebendes. Sein Blick trifft sich mit dem Evas. Ist er der sagenumwobene Phönix-Pfau, der als einziges Tier nicht von der verbotenen Frucht aß und deshalb vom Tode ausgenommen ist?

Im Rücken des Phönix-Vogels und am oberen Bildrand deutet Chagall seine ganz persönlichen Paradieserfahrungen an: Die Häuser von Witebsk, kopfüber, erinnern an seine reiche Kindheit im Elternhaus, und die von St. Paul de Vence, an die Stadt, in der er mit seiner Frau Vava „unter dem Brautbaldachin" (in der Mitte des oberen Bildrandes – bereits der rechten Bildhälfte zugeordnet) – tiefes Glück erlebte. Das Paradies ist nicht etwas Gewesenes, Entferntes, es ist für Chagall immer aufs Neue zeitlose Gegenwart.

Aus der linken Bildhälfte in die rechte rollt ein himmlisches Wesen eine Sonne auf den üppig blühenden Paradiesbaum zu: *„Der DU das Licht vor der Finsternis herrollst"*, heißt es in einem Abendgebet, das Chagall vertraut war.

[ABB. 2b]

Das Flammenrot, das in Evas Haar aufgeleuchtet ist, wird zur üppigen Blütenfülle des Paradiesbaumes, das die Häupter des Liebespaares umfängt. Eva, jetzt an die rechte Seite Adams gerückt, hält die verbotene Frucht – auch sie ist rot – Adam „begreift" ihr Geschlecht. Zusammen haben sie nur zwei Arme, sind vereint wie der Stamm des Baumes. [vgl. ABB. 2c]

Links von ihnen bäumt sich die Schlange auf, taucht ihren Kopf ins Licht, verleitet zur Missachtung des göttlichen Gebotes, aber in der verlängerten Linie ihres Kopfes über das Stammelternpaar hinweg, gibt es bereits Mose mit den beiden Gesetzestafeln, der Lebenszusage Gottes an sein Volk, und unter ihm eine Frau mit einem Kind, das die Arme ausgebreitet hält, wie der Gekreuzigte. Die Versöhnung ist gleichzeitig mit der Schuld. So ist auch verständlich, dass die Himmelsgestalt über dem oder im Paradiesbaum, die ihre Flügel wie ein Zelt über das Liebespaar ordnet, auf die Szene lächelnd herabblickt, obwohl sie in der rechten Hand die Andeutung eines Richterstabes hält.

Kraftvolle, wache, vitale Tiere, wie sie im Hohen Lied immer wieder zitiert werden, um die Schönheit der geschlechtlichen Liebe zu besingen, beleben die Szene.

…

und der Liebe ewig Sehnen
Eins in Zwei zu sein,
Eins im Andern sich zu finden,
dass der Zweiheit Grenzen schwinden
und des Daseins Pein.

…

Karoline von Günderode

ABB. 3 DIE VERTREIBUNG VON ADAM UND EVA AUS DEM PARADIES, 1961

DAS VERLORENE PARADIES

GEN 3,1-24

// ER, GOTT, SPRACH:
DA,
DER MENSCH IST GEWORDEN WIE UNSER EINER IM
ERKENNEN VON GUT UND BÖSE.
UND NUN KÖNNTE ER GAR SEINE HAND AUSSCHICKEN
UND SICH VOM BAUM DES LEBENS NEHMEN UND ESSEN
UND IN WELTZEIT LEBEN!
SO SCHICKTE ER, GOTT, IHN AUS DEM GARTEN VON EDEN,
DEN ACKER ZU BEDIENEN, DARAUS ER GENOMMEN WAR.
ER VERTRIEB DEN MENSCHEN
UND LIESS VOR DEM GARTEN VON EDEN OSTWÄRTS DIE CHERUBEN WOHNEN
UND DAS LODERN DES KREISENDEN SCHWERTS,
DEN WEG ZUM BAUM DES LEBENS ZU HÜTEN. //
[Gen 3,21-24]

Wiederum in mythologischer Redeweise setzt sich die Geschichte von der Vertreibung aus dem Paradies mit der Frage auseinander, warum mitten durch die gute Schöpfung ein Riss geht, warum das paradiesische Zusammenspiel von Natur und Mensch, von Mensch und Tier, von Mann und Frau immer wieder gestört wird.

Die biblische Erzählung sieht den Grund für dieses Missverhältnis darin, dass der Mensch sich an dem unverfügbaren Geheimnis der Mitte vergreift, dass er sich anmaßt, wie Gott sein zu wollen, dass er seine geschöpfliche Begrenztheit nicht anerkennt, sondern selbstherrlich nach eigenem Gutdünken die Schöpfung wertet und unterscheidet in Gut und Böse, dass er die Natur ausbeutet, die Tiere ausnützt, andere Menschen beherrscht.

Drei markante Gestalten ziehen den Blick auf sich: der aus dem unteren Bildrand erwachsende Blütenbaum, der weiß leuchtende Engel und das Stammelternpaar Eva und Adam am rechten Rand. Sie bilden ein Dreieck in dessen Mitte – außer einer gehörntköpfigen Vogelgestalt – eine für Chagalls Gemälde sonst ungewöhnliche Leere herrscht.

Der Blütenbaum steht ganz im Vordergrund, fast in Berührung mit den Betrachtenden, verführerisch zum Greifen nahe, beinahe aus dem Bild heraustretend. Wie eine ummantelte Menschengestalt erscheint er, als wolle er seine Schätze zusammenhalten, sich schützen vor dem unerlaubten Zugriff derer, die Gottes Weisung missachteten und missachten.

Auf seinem Goldgrund hat sich die Pracht farbenfroher Blüten- und Fruchtvielfalt angesiedelt, streng in den Grenzen gehalten. Ein Halo-Kreis – entstanden aus der Brechung oder Spiegelung einer Lichtquelle – kann symbolisch als Abglanz göttlicher Erkenntnis verstanden werden. Er bildet gleichsam den Kopf des Baumes.

Aus der Ummantelung des Baumes heraus, im Dunkeln, stürzt eine menschliche Gestalt in die linke Bildecke, aus dem Paradies hinaus, als müsste sie der Schwerkraft der abgezweigten Früchte folgen, die sie verbotenerweise gepflückt hat. Sie bildet, zusammen mit dem hell leuchtenden Engel, der das Bild genau in zwei Hälften teilt, eine Diagonale, die gleichsam die Herzmitte des Paradiesbaumes durchschneidet.

[ABB. 3a]   [ABB. 3b]

Links von dieser Trennungslinie drängt sich alles Lebendige zu den Rändern hin: der Vogel, die beiden nackten
Frauengestalten, die eine ans Ufer geworfen, die andere
noch eingetaucht, aber nach ihr greifend; über ihnen die
zwei goldenen Frauenmonde, die ihren Glanz von einer er-
löschenden aber noch Strahlen sendenden Sonne im linken
oberen Eck erhalten. [vgl. ABB. 3a]

Von dort, bis zum rechten Bildrand oberhalb des blau-
en Flussbandes, das vom Engel aus in beide Richtungen
fließt, und das die Szene in der Horizontalen trennt, aber
durch die Flussfrauen und die Engelsgestalt doch auch
wieder überbrückt wird, spielen sich Szenen von „Gut"
und „Böse" ab: Bäume fallen aus der Ordnung und stehen
auf dem Kopf; eine Frauengestalt packt einen stürzenden
Vogel an der Kehle; ein goldenes gehörntes, eselähnliches
Tier mit einem goldenen Vogel findet den Weg zurück ins
Paradies, ins Bild hinein; eine geköpfte Frau versinkt in
den Fluten; brennende Häuser lodern ganz im Eck und ein

Maler mit seiner Staffelei (Chagall?) gehorcht seinem Auftrag, abzubilden und zu verkündigen: das Böse und das Gute, die Geschichten der Kriege, Verfolgungen, Morde und die Allgegenwart göttlichen Lebens. [vgl. ABB. 3b]

Gott kennt die Gegensätze des Seins, die seinem Schöpfungsakt entstammen, er umfängt sie, von ihnen unberührt, er ist, wie ihnen unbedingt überlegen, so mit ihnen unbedingt vertraut … Wesensverschiedener Art ist die vom Menschen durch das Essen der Wunderfrucht erworbene ‚Erkenntnis'… Gut und Böse, die Ja-Lage und die Nein-Lage des Daseins treten in sein lebendiges Wissen ein; aber nie können sie ihm miteinander gegenwärtig werden. Er kennt die Gegensätzlichkeit nur, indem er sich in ihr findet … durch das Erkennen der Gegensätzlichkeit bricht die in der Schöpfung immer schon latent vorhandene Gegensätzlichkeit in die aktuelle Wirklichkeit aus: sie wird existent.[4]

Gut und Böse, getrennt und ungetrennt, finden sich auch in der Engelsgestalt. Der Bote hat den Auftrag, Adam und Eva aus dem Paradiese zu vertreiben, aber er schwingt bei Chagall nicht das biblisch zitierte Flammenschwert. Ein blauer Stab will sich nur zögerlich in seine Hand fügen und ist eher richtungsweisend, Gefahr abwehrend und behütend, wie auch die Geste des rechten Armes. Dieser Bote treibt nicht, er geleitet.
Eva und Adam, vereint im Vogelleib, im Versöhnungstier, haben den Blick voller Ernst, aber nicht im Schrecken, nach draußen gerichtet. Der Tod war ihnen angedroht worden, falls sie das Verbot übertreten, Gott aber ist ein Gott des Lebens, kann wesenhaft seine Drohung nicht wahr machen.

[Gen 2,16-17]

Adam hat die Grenze mit seiner Hand bereits übergriffen, während der in vitalem Rot aufleuchtende Vogelhahn den Blick noch zurückwendet, in farblicher Verbindung steht zu dem gehörnten Vogelwesen im Drehpunkt des Bildes und zu den Haaren Evas: etwas bleibt zurück und geht doch mit …

Eva überragt Adam, hat den Überblick, während Adam mit dem Handeln voraus ist.

Die Schlange am rechten Rand, mit dem Kopf bei den brennenden Häusern, mit ihrem Schwanz ganz unten im rechten Eck bei einer Frau mit einem Kind, verbindet das Oben und Unten, das Zerstörerische mit dem neuen Leben. „Oh, glückliche Schuld – felix culpa – die uns einen so großen Erlöser gebracht hat" lautet es im Exsultet der Osternacht. Gut und Böse hat die Schlange dem Menschen eröffnet. Das Kind hat Teil an den Blütenfrüchten vom Paradiesbaum im Schoß. Auch im stürzenden Baum, in dem Kopf stehenden Vogel unterhalb der Bildmitte und um das verkehrte Rind herum, am unteren rechten Bildrand, leuchtet der Pa-

[ABB. 3c]

radiesbaum auf, ebenso wie im aufflatternden Vogel. Der auf das Kind zustoßende Fischvogel, an dessen Schwanz ein dämonischer Faun erkennbar ist, setzt noch einmal einen Akzent der Bedrohung, aber eine Flügelspitze hat Anteil am Weiß des Engels- und Erkenntnislichtes des Paradiesbaumes, und sein Feder- und Schuppenkleid trägt die Farbe des Paradiesbaumschattens. [vgl. ABB. 3c]

// ER, GOTT, MACHTE ADAM UND SEINEM WEIBE RÖCKE AUS FELL UND KLEIDETE SIE. //
[Gen 3,21]

Wie bei Chagall der Engel der Vertreibung den Menschen trotz ihrer Schuld den Weg in ein neues Leben weist, wie Gott in der biblischen Erzählung die Menschen fürsorglich kleidet und nicht dem Tode preisgibt, so künden auch Israels Propheten nicht nur Unheil und Gericht an, sondern immer wieder den Trost der Vergebung, der erneuten Zuwendung Gottes, die Möglichkeit eines Neubeginns.

// WIE SOLL ICH DICH PREISGEBEN, EPHRAIM?
DICH AUSLIEFERN, ISRAEL?
MEIN HERZ WENDET SICH GEGEN MICH,
GANZ UND GAR ENTBRENNT MEIN MUTTERSCHOSS.
NICHT WILL ICH HANDELN NACH DER GLUT MEINES ZORNES,
NICHT WIEDERUM EPHRAIM VERDERBEN.
DENN GOTT BIN ICH UND NICHT MANN,
IN DEINER MITTE EIN HEILIGER, UND NICHT GERATE ICH IN WUT. //
[Hos 11,8-9][5]

ABB. 4 NOACH UND DER REGENBOGEN, 1961–66

NOACH UND DER VERSÖHNUNGSBOGEN

GEN 6,5–9,17

// ICH RICHTE MEINEN BUND AUF MIT EUCH.
NIE WIEDER SOLL ALLES LEBENDIGE VON DEN WASSERN
DER FLUT VERTILGT WERDEN,
NIE WIEDER SOLL EINE FLUT KOMMEN UND DIE ERDE VERDERBEN. //
[Gen 9,11]

Von einer umfassenden Flut, die alles Lebendige ver-
nichtet hat, sind uns aus fast allen antiken Kulturen und
geschichtlichen Epochen über 250 Erzählungen überliefert.
Diese Mythen und Sagen sind vordergründig sicherlich
nicht Erinnerungen an Naturkatastrophen, denn manche
Länder – wie beispielsweise Israel – leiden nicht unter
Überschwemmungen, sondern unter Wassermangel. Das
Bild der Sintflut ist ein archetypisches Bild tiefer Urangst
des Menschen vor Vernichtung.

Die biblische Erzählung von der Sintflut deutet das ver-
nichtende Überschwemmungsereignis als Schöpfungskata-
strophe, die den vom Schöpfer geordneten Kosmos wieder
in das ursprüngliche Chaos zurückfallen ließ. Den Untergang verursachten die Menschen selbst, deren // GANZES
SINNEN UND TRACHTEN BÖSE WAR // , und die die Erde mit Ge-
walttaten erfüllten [Gen 6,11]. Wenn Menschen ihre Macht
dazu missbrauchen, einander zu unterwerfen und Gewalt
anzutun, dann leben sie // VERKEHRT UND VERDORBEN // [Gen 6,12].

Die Vernichtung durch die Flut gewalttätigen Verhaltens haben sie sich selbst zuzuschreiben. Wie das einbrechende Wasserchaos dem Leben die Grundlagen wegschwemmt, so können Menschen durch ihr Verhalten die eigene Lebensbasis, den Lebensraum vergiften, zerstören, vernichten: Ihre Gier führt zum Aussterben der Artenvielfalt, entzieht ganzen Völkern die Lebensbasis.

In der biblischen Sintfluterzählung reinigt Gott die Erde durch den Untergang der Gewalttäter.

Doch zugleich will er durch Noach und die Arche das Leben fürsorglich bewahren. Noach ist der Mensch, der die Zeichen der Zeit erkennt, der auf seine innere Stimme hört und ihr gehorcht, der aktiv wird und sich engagiert für den Schutz des bedrohten Lebens, der den lebenserhaltenden Raum der Arche als Welt im Kleinen baut, der die wortlose Sprache der Tiere versteht [Gen 8,6-12] und der für das unverdiente Geschenk des Lebens dankt [Gen 8,20]. Sein Dankopfer beantwortet Gott mit seinem absoluten Ja zur Schöpfung.

// SO LANGE DIE ERDE STEHT,
SOLLEN NICHT AUFHÖREN
SAAT UND ERNTE,
FROST UND HITZE,
SOMMER UND WINTER,
TAG UND NACHT. //
[Gen 8,22]

Wie auf die Rhythmen der Natur, des Jahres und des Tages, so sollen sich die Menschen auf seine Treue verlassen können. Diesen Lebensordnungen und Lebenszeiten der Natur sollen sie sich einfügen, damit die Erde als Lebenshaus erhalten bleibt. Ihnen ist die Schöpfung anvertraut, auf dass sie sie bewahren und retten durch die Flut der Zerstörung hindurch.

Der Bogen war im alten Orient ein Zeichen von kriegerischer Macht. Gott stellt diesen Bogen in die Wolken als Bundeszeichen. Es soll Ihn – und nicht etwa die Menschen – erinnern an Seine einseitige Verpflichtung, die Lebewesen nie mehr zu vernichten. Für die Menschen wird der Regenbogen so zum siebenfarbigen Hoffnungszeichen vor den dunklen Wolken der Bedrohung. Gott nimmt den Menschen an, so wie der von ihm Geschaffene nun einmal ist.

Auf Chagalls Gemälde ist die alles ertränkende Flut abgeflossen. Ihr letzter, in Blau angedeuteter Rest am unteren Bildrand lässt einen toten Esel, ein zerbrochenes Mädchenporträt und einen abgetrennten Flügel zurück. Sie umspült noch den liegenden Noach, der, wie aus einem Alptraum erwachend, sein Haupt aus den Wassern erhebt und staunend in die Zukunft blickt, die schon begonnen hat, und die gleichsam vor und außerhalb des Bildes zu liegen scheint.
Die Flut hat nicht nur *er*tränkt, sie hat auch – Versöhnungsgabe Jahwes – den Boden *ge*tränkt, nachhaltig fruchtbar gemacht. Das vitale, satte Pflanzengrün des Gemäldes gebiert und nährt brodelndes Leben. Aus dem Untergang wird Aufgang. Ein Versöhnungsbogen spannt sich vom einen Pol zum anderen, ein Bogen in gleißendem Weiß, für Chagall die Farbe der immateriellen, mit den

[ABB. 4a]

menschlichen Sinnen nicht erfassbaren Gegenwart Gottes.
Die sich wie zu einer Sonne rundende Flügelschulter eines
göttlichen Botenwesens steht genau im Zenit des Bogens.
Das Rot, für Chagall die Farbe der Liebesgegenwart Gottes,
lodert da und dort auf, wie in einzelnen kleinen Flämm-
chen über das ganze Bild verteilt: im Gewand Davids in
der rechten oberen Ecke, und in dem des Opferpriesters
in der unteren Bildmitte, in dem abstürzenden Brautbaldachin am linken Bildrand, in einer kleinen Tiergestalt in
den Armen einer Frau, links unten in der Ecke, und auf
dem Rock einer Mutter, rechts neben dem Opferpriester.
Überall, so klein er auch sein mag, ist ein Funke der Liebe
entfacht. [vgl. ABB. 4a]

Das Gelb (oder Gold), Chagalls „Offenbarungsfarbe", also
die Farbe, die das Sichkundtun Gottes zum Ausdruck
bringt, leuchtet im Gewand des Gottesboten so alles über-

strahlend, dass die astralen Körper unter dem Bogen – Sonnen, Monde, Kometen – sich verfinstern: // BEI TAG WIRD NICHT MEHR DIE SONNE DEIN LICHT SEIN, UND UM DIE NACHT ZU ERHELLEN, SCHEINT DIR NICHT MEHR DER MOND, SONDERN DER HERR IST DEIN EWIGES LICHT, DEIN GOTT DEIN STRAHLENDER GLANZ. // [Jes 60,19]

// ... SIE BRAUCHEN WEDER DAS LICHT EINER LAMPE, NOCH DAS LICHT DER SONNE. DENN GOTT, DER HERR, WIRD LEUCHTEN ÜBER IHNEN ... // [Offb 22,5]

Und zöge man einen Kreis um den Schnittpunkt der dort zur Bildmitte hin spitz zulaufenden Linien, so läge das Gelb von Noachs Bart auf einer Bahn mit dem des Engelwesens und den goldrot gekleideten Gestalten in der linken Bildecke.

In allen tut ER, der sein endgültiges Ja zum Leben gesprochen hat, sich kund, auf dem Bild sichtbar gemacht durch

[ABB. 4b]

das Gelb: Selbst im Opferschaf in der Bildmitte, in der Mutter mit ihrem Kind in der rechten Menschengruppe, im doppeläugigen Fabelwesen in der rechten oberen Bildecke; er tut sich kund in und durch Davids Saitenklänge und in der Krone seines Königtums, in der Früchte pflückenden Gestalt (also auch im Sündenfall?) am rechten Bildrand, in den Gesetzestafeln links oben und im stürzenden Tiermenschenwesen: *Ich zeige mich, wem ich mich zeigen werde"*, *„meine Gedanken sind nicht eure Gedanken"*, und meine Ordnung ist nicht die eure ...

Zwei Menschengruppen – die Tiere gehören bei Chagall immer dazu – sind auf die Bildmitte hin ausgerichtet. Von rechts absteigend, den Paradiesbaum im Rücken – das Zurückliegende bleibt gegenwärtig – steigen Adam (im selben Blau gehalten wie Noach) und Eva mit beflügeltem Fuß – eine Taube flattert den Schritten voran – hinab in Richtung Opferaltar, begleitet von einem Esel, dem Lastentier. [vgl. ABB. 4b]

Die Menschenansammlung vor ihnen, in dunkler Farbe gehalten, bildet in ihrem engen Zusammenschluss ein statisches Ganzes. Diese Menschen sind nicht „des Weges". Nur ihre Arme, Oberkörper und Gesichter drücken Bewegung aus. Ihre Gesichter wenden sich vor und zurück. Sind sie immobilisiert zwischen dem Woher und Wohin?
Anders die Gruppe auf der linken Seite: niedergeworfen, zusammengekauert, davonstürzend, gekreuzigt, die Arme emporgerissen, zu Boden gestreckt, auseinandergerissen. Sie verkörpern die Vertriebenen aus Witebsk, die aus ihren brennenden Häusern geflüchtet sind, dessen vorderstes Chagall symbolisch zum Brandopferaltar umgestaltet hat. Der Versöhnungsbogen überwölbt auch diese Szene des Schreckens. Selbst im vernichtenden Feuer, im Opfertier mischen sich die göttlichen Farben rot und gelb. Die von Jahwe zugesagte Versöhnung hat nichts mit Lieblichkeit zu tun. Seine Zusage an den Menschen schließt dessen Zerstörungshandeln nicht aus. JHWH hat einseitige Treue geschworen.
Der Versöhnungsbogen verbindet und hält auseinander, das Links und das Rechts, das Oben und das Unten, das Gestern und Heute. Über dem Bogen, gleichsam noch nicht ins geschichtliche Dasein gerückt, aber im „göttlichen

[ABB. 4c]

Plan" schon verwirklicht und auf diese Weise präsent: der Fortgang der biblischen Geschichte und der Menschheitsgeschichte. David in der rechten oberen Ecke spielt schon seine Lieder auf der Harfe. Seine Frau Batseba schwebt auf einem Fabelflügelwesen daher. Viele unbekannte menschliche Gestalten bevölkern diese obere Szene. [vgl. ABB. 4c]

In der linken oberen Ecke hat sich Chagall mit seiner Staffelei neben Moses platziert; dessen Arm ist ein Leviathan, die Verkörperung gottfeindlicher Mächte. Ein schwer entwirrbares Getümmel füllt den linken Bildrand, der durch Chagalls häufige Retuschen im wahrsten Sinne des Wortes „vielschichtig" geworden ist. In wiederholten Arbeitsgängen ereigneten sich hier, und wurden wieder unsichtbar, Engelssturz, Kreuzigungsszenen, der Tod Bellas, spielende, den Bogen hinab gleitende Vögel. Tiere aller Art mischten sich dazwischen, selbst Zirkusszenen mit Artisten, Belustigendes, Entsetzliches: wie ein Ringen Chagalls um das, was „wirklich" ist. Der Versöhnungs-Bogen, der halbe Teil eines Kreises, eines Zirkels. Von dort ist der Weg zur Metapher „Zirkus", der für Chagall künstlerisch und spirituell bedeutsam war, nicht mehr weit.

Er schreibt:

„Für mich ist der Zirkus ein magisches Schauspiel, das vorüberzieht und dahinschmilzt wie eine Welt ... Diese Clowns, diese Kunstreiterinnen, diese Akrobaten haben sich in meine Visionen eingenistet. Warum? Warum ergreifen mich ihre Schminken, ihre Grimassen. Ich nähere mich mit ihnen anderen Horizonten ... "

und über die Tiere sagt er:

„Unter den Pferden und Vögeln
bin ich ihr Bruder,
ihr Sohn, der weint.
Ich habe Sehnsucht nach ihnen.
Die Melodie des Himmels in meinem Herzen
strebt ihnen zu ... "

Der Versöhnungsbogen auf Chagalls Gemälde schließt also alles ein, Profanes und Göttliches, Vergangenes und Gegenwärtiges, Zerstörung und Werden, den Menschen, sowie die Tier- und Pflanzenwelt, Christliches und Jüdisches: Über allem wölbt sich die Gegenwart des *einen* Gottes.

ABB. 5 ABRAHAM UND DIE DREI ENGEL, 1960–1966

ABRAHAM, SARA UND IHRE GÖTTLICHEN GÄSTE

GEN 12,1-9 UND 18,1-33

// BLICKT AUF ABRAHAM, EUREN VATER, UND AUF SARA, DIE EUCH GEBOREN
HAT. //
[Jes 51,2]

So ermuntert und ermahnt Jesaja das Volk Israel im babylonischen Exil.
In den Erzählungen über die Erzeltern Abraham und Sara, die wahrscheinlich in dieser Zeit aufgezeichnet wurden, findet Israel sein eigenes Geschick gespiegelt. Abraham und Sara wurden mit einer unerhörten Zumutung konfrontiert: Bruch mit dem Vertrauten, Gewohnten, Verlust der Heimat, Aufbruch in eine unbekannte Zukunft:

// ZIEH WEG AUS DEINEM LAND, AUS DEINER VERWANDTSCHAFT UND AUS DEM
HAUS DEINES VATERS IN DAS LAND, DAS ICH DICH SEHEN LASSEN WERDE. //
[Gen 12,1]

Verbunden mit dieser Zumutung ist eine Zusage, eine Verheißung, die immer gefährdet ist, mehr ersehnt, erahnt, anfanghaft erspürt, als sichtbar erfüllt: eigenes Land, zahlreiche Nachkommenschaft, Größe und Ruhm, Segen für alle Geschlechter der Erde.

// ER LIESS SICH VON ABRAHAM AN DEN STEINEICHEN MAMRES SEHEN,
ALS DIESER BEI DER HITZE DES TAGS IM EINLASS DES ZELTES SASS ... //
[Gen 18,1]

Die Erzählung betont die überschwängliche Gastfreundschaft (Brotfladen aus ca. 20-40 kg Mehl! Ein ganzes Mastkalb!) der beiden Hochbetagten, in denen jede Hoffnung auf die Zukunft in einem eigenen Kind erstorben war.

Wie eine Sichtschutzwand halten zwei der drei Engel auf dem Bild ihre weißen Flügel zudringlichen Blicken entgegen, die die Szene „von außen" betrachten könnten. Schützend stellen sie sich vor jenes innere Geschehen einer aufrüttelnden Gottesbegegnung, die die Betroffenen, das alte Ehepaar Abraham und Sara, noch einmal an den Anfang eines langen, unbekannten und risikoreichen Weges stellt.

Ein fast unsichtbarer, mit Getränken und Speisen bestückter Tisch, an dem die „Männer", die Engelsgäste, Platz genommen haben – seine Oberkante verläuft genau auf der horizontalen Mittellinie des Gemäldes – nimmt einen bedeutsamen Raum des Bildes ein und vermittelt, zusammen mit der davorstehenden Bank, atmosphärisch etwas behäbig Gegenwärtiges, Alltägliches. Die Sitzfläche ist für die Geladenen wohl noch rasch blank gewischt worden, sie spiegelt vor Sauberkeit. Die unterschiedlichen Beine der alten Bank, die an eine notdürftige Reparatur denken lassen, gewinnen einem ein Schmunzeln ab, ebenso wie der nackte Fuß des mittleren Engels, der den drückenden Schuh ausgezogen hat: alles ist so menschlich normal und – so göttlich!

[ABB. 5a]

Chagall hat das Ereignis auf den Boden des göttlichen Liebes-Rots platziert, auch auf den Boden der sonnenglühenden Felsenwüste Juda bei Hebron, wie die kubistischen Faltungen und Schichtungen andeuten. Die strengen, zu spitzen Winkeln zulaufenden Linien erinnern zugleich an die Giebel eines Zeltes, das an seinem höchsten Punkt rechts oben von einer Himmelshand gehalten wird: ein „tabernaculum" des Aller-Heiligsten … Eine tiefe spirituelle Erfahrung am freundlich gedeckten Esstisch. [vgl. ABB. 5a]

Abraham hat die des Weges Kommenden zu sich geladen, wie es Sitte des Landes ist, und im Selbstbewusstsein dessen, der etwas zu bieten hat: Wasser, Brot, ein zubereitetes Kalb, Butter, Milch und – Zeit und Sorgfalt. In Würde steht er da, im feierlichen, pelzbesetzten kaftanähnlichen Gewand (das an ostjüdische Kleidung erinnert), am linken Kopfende des Tisches, also dem ‚Haupt-Engel' gegenüber (er spricht die Drei in der Einzahl an, was verdeutlicht, dass es um den Einen geht: // … ALS ER SIE SAH, LIEF ER IHNEN … ENTGEGEN … UND SAGTE: MEIN HERR … // [Gen 18,2-3]).

In Abrahams Gesicht, farblich ungewöhnlich ausgestaltet, spielen alle Regenbogen-Versöhnungsfarben, dieselben wie in den Flügeln des rechten Engels. Seine weit offenen Augen beschäftigen sich nicht mehr mit dem vordergründigen Geschehen. Sein Blick neigt sich bereits dem zu, was in unsichtbarer Ferne auf sein Kommen wartet. Seine Hände wölben sich über seinen Leib wie über den Schoß einer Schwangeren; er wird der Vater vieler Völker werden. Ein innerer Dialog, der jenseits gesprochener Worte sich ereignet, verbindet ihn mit jenem goldgeflügelten Engel, den er als // HERR // angesprochen hat, und der sein Gegenüber ist am anderen Kopfende des Tisches, der als einziger eine Aureole trägt, und der überraschenderweise auch eine Andeutung weiblicher Körperformen aufweist. Die parallele Neigung des Kopfes, sowie die gleiche Färbung der Gewänder symbolisiert Gemeinsames. [vgl. ABB. 5b]

Die beiden anderen Begleiter-Boten unterhalten sich indessen bei Speisen und Getränken miteinander und lassen es sich wohl sein.

[ABB. 5b]

Sara, links neben Abraham, auf einer Ebene mit ihm, ,ist schon im Bilde' und nicht mehr versteckt. Gekleidet in ein hochzeitliches Brokatgewand, mit gelöstem Haar und beschwingtem Schritt, trägt sie eine Schale herbei, die eine Entsprechung in jener Schale findet, die zwischen den Händen des Haupt-Engels sichtbar ist. Ihre Kopfneigung beantwortet gleichsam die des blauen Engels, und eine gedachte Linie zwischen beiden Schalen führt über die Hände Abrahams, die er über seinen Schoß gelegt hat. // SIE WIRD EINEN SOHN GEBÄREN // , trotz ihres vorgerückten Alters. Das Unglaubliche hat sie bereit und jung gemacht.

Zu ihren Füßen wächst ein vitaler Baum, der einen Korb mit Früchten gefüllt hat.

Am oberen Bildrand links steht die Tür eines rankenumwachsenen oder von den Eichen von Mamre verdeckten Hauses weit offen [vgl. ABB. 5b]. Der Aufbruch, das // GEH IN DAS LAND, DAS ICH DICH SEHEN LASSEN WERDE //, ist schon im Gange, und die vom Himmel herabreichende Zeigehand geleitet den Reiter auf dem Kamel durch die nächtlichen Wüstenberge. Den Baum, rechts neben der Hand, in seiner Gestalt an den siebenarmigen Leuchter erinnernd, kann der Reiter wohl noch nicht sehen, aber er ist Zusage [vgl. ABB. 5a].

Chagall setzt in seinen Gemälden zeit- und raumübergreifend Geschehnisse miteinander in Verbindung, deutet das Eine aus dem Anderen. So ist Witebsk, seine Geburtsstadt, (hier am unteren Bildrand) und die Shoah, fast immer eingebunden in das ikonografisch Erzählte, und die tröstlichen und quälenden Geschichten seines Volkes durchdringen sich. Die Abfolge von Ereignissen wird in ein zeitloses Gegenwärtigsein eingewoben. So findet sich in der rechten oberen Ecke in einer Art Gedankenblase der gealterte Abraham, der fürsorglich von zwei begleitenden Schutz-Engeln den steilen Felsenabhang in Richtung Sodom hinabsteigt. Die Häuser der vom Untergang bedrohten Stadt sind links zu Füßen des vorderen Engels sichtbar. [vgl. ABB. 5c]

[ABB. 5c]

Ursprünglich hatte Chagall in dieser dem Bild zugefügten Szene zusätzlich die Opferung Isaaks vergegenwärtigt,

gleichsam als Synchronisierung der drei zentralen Gottesbegegnungen Abrahams. Von der Isaakopferung übrigge-
blieben ist nur noch der ‚Ersatzwidder', der statt des Sohnes geopfert wird und – kaum mehr erkennbar – am oberen
Bildrand rechts neben dem Baum, sich mit der Gedankenblase schneidend, ein kleiner Halbkreis, in dem Isaak auf
dem Holzstoß liegt. Dreimal steht Abraham auf Chagalls
Gemälde vor dem Zusammenbruch: vor der Aufgabe seiner,
mit der Kraft seines jungen Lebens geschaffenen Existenz;
vor dem Abschied von seiner Zukunftsidealisierung oder
-vergötterung, verkörpert in Isaak; vor der Hinfälligkeit
seines überlebten Bildes vom ‚gerechten' Gott.

Als „die Männer", die Gottesboten, weggegangen sind gen
Sodom und Gomorra, steht Abraham am Steilhang vor
dem Abhang, an dessen Fuß die Unheilsstadt liegt, und er
// TRITT NÄHER // [Gen 18,23] auf JHWH zu – tritt er ihm ‚zu nahe'?
Dem Absturz nahe? Chagall stellt einen Engel schützend
vor ihn. Es ist ein ungeheuerlicher Augenblick, in dem der
gebrechlich alte Abraham *seinen* Begriff von Gerechtigkeit
über den von JHWH stellt, seinen Gott gleichsam ermahnt
und zurechtweist // DAS KANNST DU DOCH NICHT TUN, DIE GERECHTEN
ZUSAMMEN MIT DEN RUCHLOSEN UMBRINGEN. // [Gen 18,23]
Diese drei aufrührenden Gotteserfahrungen fügt Chagall
in ein einziges Bild. Ein Flügelwesen unter dem ‚Sodom-
Ballon' scheint diesen wie an einer Leine zu führen und hi-
nabzunehmen zu einem blühenden Busch mit flatternden
Vögeln, den Wesen, die Himmel und Erde miteinander
verbinden, und einem Eichhörnchen, und weiter zu den
Stätten des alltäglichen Lebens, zu den Häusern am unteren
Bildrand, in die Gegenwart, in der sich für jeden Menschen,
der die Unbekannten, Nicht-Behausten zu Gast bittet, die
Abraham-Geschichte immer wieder ereignen kann.

ABB. 6 JAKOBS TRAUM, 1960–1966

JAKOBS TRAUM VON DER HIMMELSLEITER

GEN 27, 28,1-22 UND GEN 22,1-19

// DIE SONNE WAR UNTERGEGANGEN.

JAKOB RICHTETE SICH EINEN STEIN FÜR SEIN HAUPT

UND LEGTE SICH NIEDER ZUM SCHLAF.

UND IHM TRÄUMT:

DA, EINE LEITER GESTELLT AUF DIE ERDE,

AN DEN HIMMEL RÜHREND,

UND DA, BOTEN GOTTES STEIGEN AUF, SCHREITEN NIEDER AN IHR.

UND DA STAND ER ÜBER IHM

UND SPRACH:

„ICH BINS,

DER GOTT DEINES VATERS ABRAHAM UND DER GOTT ISAAKS.

DAS LAND, AUF DEM DU LIEGST,

DIR GEBE ICH ES UND DEINEN NACHKOMMEN…

ICH BIN BEI DIR,

ICH WILL DICH HÜTEN, WOHIN DU AUCH GEHST,

UND ICH WILL DICH HEIMKEHREN LASSEN IN DIESES LAND.

JA, ICH VERLASSE DICH NICHT … //

[Gen 28,11-13.15]

In dieser Erzählung von der Himmel und Erde verbindenden Leiter oder Treppe ist Jakob die Identifikationsfigur für das schuldig gewordene Volk, für den schuldbeladenen Menschen.

Allein in der Wüste, geflohen aus einer belasteten und belastenden Vergangenheit sieht sich Jakob in einer existenziellen Grenzsituation. Durch die betrügerische Erschleichung des Erstgeburtsrechts und -segens, und durch die hinterlistige Täuschung seines blinden Vaters, hat er alles verloren, was ihm wertvoll war: Heimat, Familie, Besitz, soziale und religiöse Bindungen. Die Sonne ist gleichsam für ihn untergegangen. Seine Zukunft liegt im Dunkel. Und gerade da, wo er ganz unten ist, tut sich der Himmel auf – nicht im wachen Bewusstsein, doch in tieferen Schichten, im Traum, im inneren ungreifbaren Geschehen einer Gotteserfahrung, der Erfahrung einer lebendigen Beziehung zwischen dem schuldig gewordenen Menschen und dem Mitgeher Gott.

25 Jahre lang, von 1931–56, hat sich Chagall in 17 Vorstudien mit dem Thema des Jakobstraumes von der Himmelsleiter künstlerisch, theologisch und autobiografisch auseinandergesetzt. In diese Zeit fällt seine Anerkennung als französischer Staatsbürger, die Verfolgung durch das NS-Regime und die dadurch erzwungene Flucht in die USA, der Tod Bellas, seiner über alles geliebten Frau, und schließlich die Rückkehr nach Frankreich.

Horror- und Zukunftsvisionen, die Auseinandersetzung des Verfolgten mit Hass, Vergebung, mit dem nicht nur persönlichen Schicksal, dem seiner nahen Angehörigen, sondern auch mit dem seines ganzen Volkes, das der Vernichtung preisgegeben war. Dies ist der Hintergrund, auf dem er sich mit dem unumkehrbar schuldig gewordenen Jakob auseinandersetzt.

Jakob, sein Name bedeutet ‚Betrüger', auf der Flucht vor der Rache seiner Opfer, nächtigt auf einem Stein auf dem Weg nach Haran. Seine Untat ist noch kaum vollbracht, da träumt er schon von dem Himmel, der ihm offen steht und von der geradezu überschüttenden Segenszusage Jahwes, der ihm zahllose Nachkommen, grenzenlosen Landbesitz, immerwährenden Schutz und schließlich eine sichere Rückkehr in seine Heimat verspricht. Welch ein Ärgernis für einen Verfolgten angesichts der Shoah und angesichts der Täter!

Die Auseinandersetzung mit dieser skandalösen und gleichzeitig zur Versöhnung drängenden Geschichte war es, die Chagall ermutigt hat, aus dem amerikanischen Exil nach Europa zurückzukehren – trotz der Shoah. „*Wenn Gott mit einem solchen Menschen, wie dem Jakob, weiter mitgeht – sollte ich dann wählerischer sein als Gott? Vielleicht braucht man mich gerade dort in Europa.*"[6]

In motivgleicher roter Farbe erscheinen zwei Gestalten auf dem Gemälde: Jakob und der Auslösungswidder, den ein Engel aus der vierflügeligen Gestalt hinunterbringt zu Abraham in der rechten unteren Ecke, um diesen an der Tötung seines Sohnes Isaak zu hindern. Hätte der Täter Jakob, der ‚Betrüger', wie sein Name lautet, nicht dasselbe Schicksal verdient, wie der Widder? Er sitzt, wie mit gefesselten Händen auf einem Stein oder Richtstuhl, den Kopf nach links geneigt, als böte er den Hals dem Messer dar, das Abraham zur Tötung erhoben hat. [vgl. ABB. 6a]

[ABB. 6a]

Nur ein winziges Fleckchen sandfarbene Erde bleibt dem Fliehenden, der schwerste Schuld auf sich geladen hat. Nur die Beine sind noch auf dem Boden der Realität. Der Sonnenuntergang holt ihn in eine andere Wirklichkeit. Das Blau der rechten Bildhälfte scheint über das Rot des Täters Jakob hinweggeflutet zu sein, sich mit ihm zum Lila der linken Bildhälfte vermischt und im nächtlich Ruhesuchenden einen tiefen Traum evoziert zu haben.

Jakob ist, wie anlehnend, ganz an die Mittelsenkrechte gerückt, mit dem linken Arm in flüchtiger Berührung mit dem Blau des Himmels. Ein wenig davon fällt auch auf seine Hände und seinen Oberschenkel, aber er gehört zum Dunkel seines Traumes, das ihn umflutet.

Eine Leiter mit sieben Sprossen setzt neben einem Haus (immer wieder sind es die Häuser von Witebsk) auf, unmittelbar über einem liegenden weißen Engel, der aus dem Bild blickt. Ist er abgestürzt? Einige Vorstudien Chagalls könnten diese Deutung zulassen.

Die Leiter neigt sich dem Träumenden zu und endet oben hinter dem Rücken eines wie aufgespießt wirkenden, goldlichtigen Engels. In ihm und einem weiteren, Schofar blasenden Engel, links der Leiter, hat sich das reine Licht der Himmels-Menora in das Traumdunkel hinübergerettet. Zwischen diesen beiden Lichtgestalten, etwa bei der siebten Leitersprosse und genau in der Verlängerung der Kopfneigung Jakobs leuchtet, eingefügt in geometrische Figuren, von denen eine Linie über die Leiter hinweg bis zu Jakobs Kopf führt, ein rötliches Gesicht auf, wie eine Spiegelung auf einer Wasseroberfläche: Rahel, sein Liebestraum, die er am Brunnen küsst, nachdem er ihre Herde getränkt hat?

Eine Unzahl schwebender, stürzender, steigender, sich wendender geflügelter menschlicher und tierischer Wesen bewegen sich gleichsam in Schwerelosigkeit in diesem Traumraum, der keinen physikalischen und keinen logischen Gesetzmäßigkeiten folgt, der durch die perspektivische Schichtung (z.B. vom Haus links neben der Leiter bis zum nächsten noch weiter nach links gerückten), durch das In- und Übereinander der Körper, durch Beleuchtungseffekte, eine Dreidimensionalität gewinnt. Gestalten tauchen auf, verschwinden, werden fragmentarisch sichtbar, erschließen sich keiner unmittelbaren Deutung ... das ist die künstlerisch bildhafte Umsetzung eines immateriellen Traumgeschehens.

Das einzige ordnende Strukturelement in diesem Raum ist die Leiter mit ihren sieben Sprossen, den sieben Schritten, die zu tun sind, die dreimal sieben Jahre Dienst bei Laban, die sieben Mal, die Jakob sich zur Erde werfen wird vor seinem Bruder Esau [Gen 32,33] um dessen Vergebung zu erflehen. Die Leiter ist neben den Gesetzestafeln des Mose das häufigste Motiv auf den Gemälden Chagalls; und Leiter – Symbol für die wiederherstellbare Verbindung – und Hahn sind die Symbole für Sühne und Vergebung.

Nah am Ereignis des Schuldig-Geworden-Seins ‚träumt' Jakob, verspürt er antizipierend unbewusst die Sehnsucht und ‚mit Gottes Hilfe' die Zuversicht auf Vergebung.

Der Himmelsleiter, als einem vertikalen Strukturelement, hat Chagall die unerklimmbare Höhe genommen, indem er sie in eine horizontale Bildkomposition eingefügt, den Himmel gleichsam heruntergeholt hat an die linke, die spirituell-kreative Seite Jakobs. Beide Bildhälften bleiben in sich vertikal ausgerichtet und sind doch in Einheit miteinander dem irdischen Horizont nahegerückt.

Im Zentrum des Himmelsblaus, und in dieser Gestalt einmalig im Gesamtwerk Chagalls – wie Flügel, wie das Rauschen einer Windrose, als spürte man das Wehen des Geist-Windes –, der ‚ruah' mit weiblichem Gesicht, vier mächtigen Flügeln, die entflammte Menora umkreisend. Eine Flügelspitze zeigt zur Akeda, wie sie in der jüdischen Tradition bezeichnet wird, der Fesselungsszene Isaaks; parallel dazu und oberhalb des weißen Flügels liegt ein Gekreuzigter

– ein Gebetsschal als Lendentuch kennzeichnet ihn als Zugehörigen zum Volke Israel – auf dem Kreuzesholz, so wie Isaak auf dem Holz des Opferaltares. Zieht man eine gedachte Linie in der Verlängerung dieser beiden Liegenden, so findet sich der Kreuzungspunkt genau im Kopf Jakobs, mit dessen Stirnreifen man eine Dornenkrone assoziieren könnte. Rechts, zu Füßen des liegenden Kreuzes, eine weitere Leiter, die der Kreuzabnahme (?) und der Versöhnungshahn. Mehrere Menschen sind dort versammelt, davon einer eine Tora tragend und ganz am oberen Bildrand, ein Schwebender mit aufgeschlagenem Buch, das Kaddisch sprechend, das Gebet der Trauernden im Todesjahr und zum Todestag. Er ist ausgerichtet auf einen Halbmond und einen halbmondförmigen Fisch beide in Schwarz. Sie sind gleichsam eine scheue ‚Verkleidung' für das hebräische Doppel-Jod ⁣״, die zwei Buchstaben, die als Kürzel für den Gottesnamen stehen. [vgl. ABB. 6b]

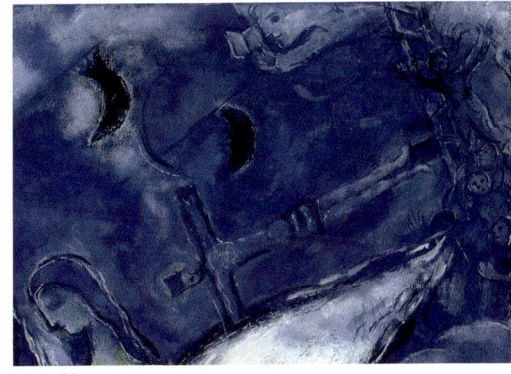

[ABB. 6b]

Am linken unteren Flügel des viergeflügelten Wesens ist der Eiffelturm angedeutet, Zielort des gelungenen Vergebens für Chagall nach der Rückkehr aus dem Exil: „ … *sollte ich wählerischer sein als Gott? Vielleicht braucht man mich gerade dort in Europa.*" Der Kreis seiner Flucht und Wiederkehr hat sich geschlossen. Und der Schatten des Turmes zeigt auf den Traum.

ABB. 7 DER KAMPF JAKOBS MIT DEM ENGEL, 1960–1966

JAKOBS RINGEN MIT DEM „MANN"

GEN 32,4–38,11 UND GEN 37,2-36

// JAKOB BLIEB ALLEIN ZURÜCK. –
EIN MANN RANG MIT IHM BIS DAS MORGENGRAUEN AUFZOG.
ALS ER SAH, DASS ER IHM NICHT BEIKOMMEN KONNTE,
RÜHRTE ER AN SEINE HÜFTE
UND SIE VERRENKTE SICH, WIE ER MIT IHM RANG.
DANN SPRACH ER:
LASS MICH LOS, DENN DAS MORGENGRAUEN IST AUFGEZOGEN.
JAKOB ABER SPRACH:
ICH LASSE DICH NICHT, DU HABEST MICH DENN GESEGNET.
JENER FRAGTE: WAS IST DEIN NAME?
JAKOB, ANTWORTETE ER.
DA SPRACH ER:
NICHT JAKOB WERDE FORTAN DEIN NAME SEIN,
SONDERN ISRAEL, STREITER GOTTES,
DENN MIT GOTTHEIT UND MIT MENSCHHEIT HAST DU GESTRITTEN
UND HAST GEWONNEN.
DA FRAGTE JAKOB:
VERMELDE DOCH DEINEN NAMEN!
ER ABER SPRACH:
WARUM FRAGST DU NACH MEINEM NAMEN?
UND ER SEGNETE IHN DORT.
JAKOB RIEF DEN NAMEN DES ORTES: PNIEL, GOTTESANTLITZ, DENN:
ICH HABE GOTT GESEHEN,
ANTLITZ ZU ANTLITZ,
UND MEIN LEBEN IST ERRETTET.
DIE SONNE STRAHLTE IHM AUF, ALS ER AN PNIEL VORÜBER WAR,
ER ABER HINKTE AN SEINER HÜFTE. ... //

[Gen 32,25-32]

Sehr alte Texte erzählen – neben ätiologischen Anmerkungen – weniger äußere Begebenheiten als vielmehr archetypische Bilder und innerpsychische Vorgänge.

Wieder befindet sich Jakob in einer Übergangssituation zwischen der Flucht vor Laban und der Angst vor der Begegnung mit seinem Bruder Esau. Zweimal muss er die Furt des Jabbok durchschreiten, den dunklen Ort der Scheidung, der Ent-Scheidung, des Sich-Durchringens.

An dieser Engstelle seines Lebens, zwischen der Angst vor der Vergangenheit, die ihn einholen könnte, und dem Vertrauen in die verheißene Zukunft überfällt „es" ihn und zwingt ihn zum Kampf – mit seinem Schatten? Mit seiner eigenen dunklen Tiefe? Mit seinem unverständlichen, namenlosen Gott?

Jakob steht das Ringen durch. An der Wende von der Nacht zum Tag, gewinnt er mit dem neuen Namen eine neue Identität – der Betrüger wird zum Gottesstreiter. Und er gewinnt mit dem erkämpften, von Gott legitimierten Segen – statt des erschlichenen Segens – eine neue Beziehung zu Gott, zu seinem Bruder und zu seinem Land. Verwundet, hinkend, aber gesegnet, durchschreitet er von der aufgehenden Sonne beschienen den Ort, wo Gott ihm leuchtet mit seinem Angesicht. Jetzt kann er aufblicken und auch seinem Bruder ins Angesicht sehen. // ICH HABE NUN DEIN ANGESICHT GESEHEN, WIE MAN DAS ANGESICHT GOTTES SIEHT. // [Gen 33,10]

Nicht ein mit den Augen des Leibes sichtbares Kampfgeschehen ist Thema des Gemäldes, sondern die Darstellung eines inneren Ringens. Die geschlossenen Augen der beiden Akteure geben einen deutlichen Hinweis darauf. Nicht den Einsatz und Austausch von Muskelkraft, sondern den inneren Kampf um das Wagnis der Berührung und die daraus fließende Bewegung und Bewegtheit hat Chagall auf seinem Bild gestaltet.

So ist es nicht erstaunlich, dass der Hauptakteur Jakob in dieser ikonografischen Erzählung farblich kaum in Erscheinung tritt in dem Lila seines Himmelsleitertraumes. Er ist eingetaucht in das nächtlich-himmlische, keinen Ausblick gewährende Blau, tritt farblich weniger in Erscheinung als andere Bildkomponenten.

Zu ihnen zählen das geradezu aufblitzende Hellgold des Versöhnungshahnes, der mit geöffnetem Schnabel um sich blickt auf das Geschehen hinter seinem Rücken, der im ‚Erscheinungsweiß' aufleuchtende Unterkörper des // MANNES //, wie er in der Bibel heißt [Gen 32,25], sowie das Gewand seines Lieblings Josef, über das Jakob weinend gebeugt ist, weil er seinen Sohn tot glaubt, und die beiden roten Farbkleckse in den Gewändern der rechts nach oben platzierten Menschengruppe. Diese farblich hervorgehobenen Bildelemente bilden gleichsam den leuchtenden Rahmen, in dem Jakob sich blindlings und tastend einer einmaligen und gewagten Bewegung hingibt.

In traumwandlerischem Mut tut er einen riesigen Schritt zum „Manne" hin, sich abstoßend von den Betrügereien, die hinter ihm liegen. Der Schritt ist so weit ausholend, dass er nicht mehr zurückkann. Es bleibt ihm nur, entweder auf das linke Knie zu sinken, oder nach vorne zu stürzen, oder – und diesen Gestus vollführt Jakob auf dem Gemälde – sich Halt suchend abzustützen am Entgegenkommenden, an dessen Hüfte. Ein Licht von dort fällt auf seine eigene linke (ein und dieselbe Hüfte also?) und auf den Oberschenkel. Sein rechter Fuß berührt den rechten des Mannes. Dessen Knie setzt an zu einer leichten Beugung, hin zu Jakob, sodass sich beide Beine in der vollendeten Hinbewegung schließlich mit der Innenseite berühren werden: in bergender, Nähe gewährender Intimität, aus der Jakob als ein anderer hervorgehen wird.

Er, der // MANN //, mit dem Jakob ringt, ist der ganz andere, erscheint als der viel größere, obwohl er nach Körpermaßen Jakob nur um eine Haupteslänge überragt. Er ist nicht Widersacher, er ist das ‚alter ego‘, das die göttliche Berufung repräsentiert, das den // ISRAEL // in Jakob weckt. Mit sturmwehenden, mächtigen, fast zerfleddernden Flügeln kommt er von oben. Leicht und geschmeidig wirkt sein Schritt, sein freundlich ruhiges Gesicht ist Jakob zugeneigt, und es beginnt ein Greifen und Begreifen, das sich im Weiß der Gottesgegenwart vollzieht. Seine Rechte legt sich auf Jakobs Haupt: schützend, segnend, haltend? Seine Linke weist weit über ihn hinaus, auf die folgende Geschichte am rechten Bildrand, die wahrhaftig keine liebliche sein wird. Die gewährte und getane Berührung gelingt von beiden Seiten.

Das Engels- oder Mannes-Ego ist das dem Göttlichen Verbundene, das nur in einem tranceartigen Zustand des Unterbewusstseins wahrgenommen werden kann. Chagall weist mit der grünen Farbgebung auf diesen Bewusstseinszustand hin, und die verlängerte Bein- und Rückenlinie Jakobs schwingt mit dem rechten Flügel des ihm Entgegentretenden.

Nach dieser Begegnung, nach diesem Kampf, bei dem der Betrüger und Vorteilsnehmer, der niemandem traute, als seiner eigenen List und Verschlagenheit, sich eingelassen hat auf seine andere Kraft, auf die der Umkehr und des Vertrauens, nach diesem Angerührtsein, kann er sich den offenen Armen seines Bruders anvertrauen. Und in den beiden Sätzen, die Jakob-Israel sowohl nach der Nacht am Jabbok als auch bei der Begegnung mit seinem Bruder spricht, klingt eine deutliche Parallelität an: // ICH HABE GOTT VON ANGESICHT ZU ANGESICHT GESEHEN UND BIN DOCH MIT DEM LEBEN DAVONGEKOMMEN // [Gen 32,31] sagt er bei Pniel, und zu seinem Bruder: // ICH HABE DEIN ANGESICHT GESEHEN, WIE MAN DAS ANGESICHT GOTTES SIEHT, UND DU BIST MIR WOHLWOLLEND BEGEGNET. // [Gen, 33,10]

Das Gemälde gliedert sich gleichsam auf in vier ‚Bühnenbilder', in vier gegeneinander abgegrenzte Geschehenszonen. In der linken, unteren Ecke, halbkreisförmig angeordnet unter den Füßen der beiden Hauptprotagonisten, die den mittleren und größten Prospekt besetzen, die verlassenen Häuser von Witebsk. Erkennbar das Haus von Chagalls Mutter, die Auferstehungskirche, der häufig wiederkehrende Palisadenzaun. Die Bewohner sind geflüchtet, verjagt, gemordet, die Straßen menschenleer, die Todesvögel krächzen. Die Synchronizität alles Geschehens gehört zu Chagalls Weltanschauung. Alles, was geschehen ist, geschieht im Jetzt. Und je näher es ‚in Betracht gezogen' wird, desto eher kann daraus auch eine Erkenntnis erwachsen, wie der lebenskräftige, riesige Baum, der am linken Rand zur schmalen, vertikalen Geschehenssze gehört, und unter dem trostreich der Sonnenaufgang beginnt.

Über dem Baum, auf einer schmalen vertikalen Randbühne, die Vorgeschichte zur Hauptszene: Jakob verlässt seine Heimat, die Häuser von Beerscheba; er trifft am Brunnen, mit den zu füllenden Wasserkrügen, Rahel, hält sie schließlich unter dem Brautbaldachin in seinen Armen. [vgl. ABB. 7a]

[ABB. 7a]

[ABB. 7b]

Das rechte vertikale Bilddrittel, durch einen Leerraum deutlich abgegrenzt vom Hauptgeschehen, ist der Nachgeschichte gewidmet: in den zu verletzenden Spitzen aufgeworfenen Wüstenbergen werfen die rachsüchtigen Söhne Jakobs ihren Bruder Josef nackt in den Brunnen. Der Hirtenstab der obersten Gestalt der Brüdergruppe – Kopf und Stabkrümmung sind einander abgewandt – wirkt wie ein Hohn über diesem verbrecherischen Geschehen, genauso wie das Rot der Liebe (es ist auch das des Blutvergießens) in den Gewändern zweier Täter-Brüder, und das Gottes-Gelb einer Täterhand. [vgl. ABB. 7b]

Chagall selbst, im Profil ganz an den rechten oberen Bildrand gedrängt, betrachtet das Geschehen und entdeckt, vielleicht aus seiner chassidischen Tradition herkommend, Gottes Anwesenheit und seine Liebe in allem Geschehen, ohne sich ein ‚End-gültiges', also auf ein Ende hin gültiges Urteil zu erlauben. // IHR HABT BÖSES GEGEN MICH IM SINN GEHABT. GOTT ABER HATTE DABEI GUTES IM SINN, (NÄMLICH EIN GROSSES VOLK AM LEBEN ZU ERHALTEN) // [Gen 50,20], so spricht Josef zu seinen Brüdern nach dem an ihm begangenem Verbrechen. Das könnte auch die Haltung Chagalls sein.

Motivisch wird dies nicht nur in der Farbgebung weiß, rot, gelb und in der Gestalt des Versöhnungshahnes deutlich, sondern auch in den über das ganze Gemälde hin unauffällig verteilten Halbmonden: der weinende Jakob selbst im rechten unteren Eck ist eine Halbmondgestalt, ein weiterer ist ganz ins Eck platziert, fast wie das linke Knie. [vgl. ABB. 7c]

[ABB. 7c]

Wenig über ihm mildern zwei Halbmonde die scharfen Kanten der angedeuteten Felsenhänge ab und rechts unterhalb von ihnen findet sich ein schwarz gefärbter. Die Dächerreihe von Witebsk krümmt sich zu einer Halbmondform, umschließt die Begegnungsszene zwischen Jakob und dem „Mann". Schließlich finden sich zwei Halbmonde ganz oben rechts, ein dunkler und ein heller, neben der ausgestreckten Hand eines Flügelwesens. Zwei einander zugeordnete Halbmonde stehen bei Chagall meist für das hebräische Doppel-Jod ˮ, die Buchstaben, die ein Kürzel für den Gottesnamen sind.

Der Segnende ist allgegenwärtig. Und: keiner geht unversehrt hervor aus dem Kampf mit ihm!

JAKOB

O Israel,
Erstling im Morgengrauenkampf
wo alle Geburt mit Blut
auf der Dämmerung geschrieben steht.
O das spitze Messer des Hahnenschreis
der Menschheit ins Herz gestochen,
o die Wunde zwischen Tag und Nacht
die unser Wohnort ist!

Vorkämpfer
im kreißenden Fleisch der Gestirne
in der Nachtwachentrauer
daraus ein Vogellied weint.

O Israel,
du einmal zur Seligkeit endlich Entbundener –
des Morgentaus tröpfelnde Gnade
auf deinem Haupt –

Seliger für uns
die in Vergessenheit Verkauften,
ächzend im Treibeis
von Tod und Auferstehung
und vom schweren Engel über uns
zu Gott verrenkt
wie du!

Nelly Sachs

ABB. 8 DIE UNTERDRÜCKUNG DER HEBRÄER, 1966

DIE KNECHTSCHAFT DER HEBRÄER IN ÄGYPTEN

EX 1,8–2,22

// WENN DEIN SOHN DICH MORGEN FRAGEN WIRD:
WAS ISTS UM DIE VERGEGENWÄRTIGUNGEN, DIE GESETZE UND
RECHTSGEHEISSE,
DIE ER UNSER GOTT EUCH GEBOT?
DANN SPRICH ZU DEINEM SOHN:
SKLAVEN WAREN WIR DEM PHARAO IN ÄGYPTEN.
ER ABER FÜHRTE UNS MIT STARKER HAND AUS ÄGYPTEN HERAUS. //

[Dt 6,20f]

Am Anfang der Gründungsgeschichte des *Volkes* Israel im Buch Exodus steht die Zwangsherrschaft des Pharao. Es handelt sich nicht um dokumentarische Geschichtsschreibung sondern um Sagen, die die Erfahrung des Gewaltstaates anschaulich schildern.

Die „Bevölkerungsexplosion" der Fremdarbeiter ließ die Herrschenden um ihre Macht bangen und die Unterdrückung eskalieren. Die einst freien und freiheitsliebenden Israeliten wurden zu einer entfremdenden Arbeit gezwungen: zu harter Arbeit im fremden Land, für fremde Herren, für fremde Zwecke, zu einer Arbeit, die nicht zur Solidarität untereinander führte, sondern sich gemeinschaftszerstörend auswirkte. Zum elenden Leben am Rande der Gesellschaft kam der ideologische Druck, der die göttliche Verehrung des Pharaos einforderte.

Nach diesen Erzählungen war Mose der Mann, von dem die von Gott gewirkte Initiative zur Flucht ausging. Trotz seines ägyptischen Namens wird er kein Ägypter gewesen sein, sondern womöglich Angehöriger eines Sinai-Nomadenstammes.

Die alten Exodusgeschichten wurden in der Bibel immer wieder neu erzählt. Dabei ging es weniger um die Vergangenheit als um die Deutung der jeweiligen Gegenwart. Mit Hilfe dieser Befreiungsgeschichte versuchte Israel, versuchen Juden wie Christen heute, notvolle, bedrängende Situationen theologisch zu deuten, zu bewältigen, pharaonenhafte Mächte zu entlarven und ihnen zu widerstehen.

Die Farben Rot und Gelb bestimmen die Atmosphäre des Bildes, das den Titel trägt: „Die Unterdrückung der Hebräer". Rot: die erbarmungslose Hitze, in der die Unterdrückten zu Sklavenarbeiten auf den Feldern und im Städtebau – zum Aufbau der Vorratstädte Pitom und Ramses – gezwungen werden. Rot: das Blut der Gequälten, Verletzten, Getöteten. Rot: die Hoffnungslosigkeit, in der alle ‚nur noch rot sehen'. Und Gelb: der ausgedörrte, zertrampelte Wüstenboden, auf dem kein Gräschen der Zuversicht mehr wachsen kann.

Ägyptens Herrscher, der Pharao, hat Angst vor den zahlenmäßig seinem eigenen Volk immer mehr überlegenen Hebräern. Seine herabwürdigende Formulierung, dass das Land // VON IHNEN WIMMELT // [Ex 1,7] findet seinen darstellerischen Niederschlag in Chagalls Gestaltung der Geknechteten: Wie aufgescheuchtes Kleingetier – die Assoziation an die volksverhetzende Bezeichnung „Ungeziefer" des nationalsozialistischen Regimes lässt sich kaum verhindern – mit Riesenschritten, gleichförmig in

[ABB. 8a]   [ABB. 8b]

ihrer Bewegung, Haltung und Kleidung, und in dieser
Gleichförmigkeit entpersonalisiert, hetzen sie wie ziellos
dahin, stieben auseinander. [vgl. ABB. 8a u. 8b]

Das Zusammenstehen und -halten, ein Motiv, das auf Chagalls Gemälden häufig anzutreffen ist, hat sich ins Gegen-
teil verkehrt. Ohne Blickkontakt, ohne Berührung miteinander, den Rücken, die Schultern, Kopf, Nacken und
Kreuz beladen und gedrückt, die Hände an den Lasten und
kaum für anderes Handeln frei, an allen Rändern aus der
Bildszene hinausstürmend, repräsentieren sie den Zerfall
der Volksgemeinschaft. Kein einziger hat den Blick zum
Bildinnern hin gewandt, außer dem Fronvogt [Ex 1,11], der
mit schwingender Peitsche am rechten oberen Bildrand
steht, in einem Gestus, als wollte er die Flucht verhindern. [vgl. ABB. 8a] Seine Züchtigungswaffe weist in der Verlängerung nach oben auf die Pyramidenspitze, hinter der
der feige Pharao sich versteckt hält und sichtbar nur seine
grobe Herrscherhand mit dem Hoheitszeichen des Zepters
oder der Knute drohend hochhält.

Zwischen den beiden Knechtungsinstanzen aber, aus der Ecke ins Bild rückend, eine andere Hand, die einem Kopf mit golden-grüner Haartracht und freundlichem Gesicht zugeordnet werden kann. Sie weist in der Verlängerung ihres Gestus diagonal gegenüber auf ein anderes, auf Mose hinabblickendes Gesicht mit ebenfalls grün angedeuteten Haaren. [vgl. ABB. 8c und 8d]

Diese Person, als einzige, hält die Last *vor* sich, als wollte sie sie auf Mose ablegen, in dessen Hände, deren eine ebenfalls ein zartes Grün andeutet.

Dreimal ein geradezu kümmerliches Grün in der Wüstenlandschaft. Drei Eck-Punkte sind es, drei Anhalts-Punkte, die miteinander in Beziehung stehen und Ihre Verbindung, die ein flächendeckendes Dreieck ergibt, zieht einen Strich durch die Pharaopyramide. [vgl. ABB. 8e]

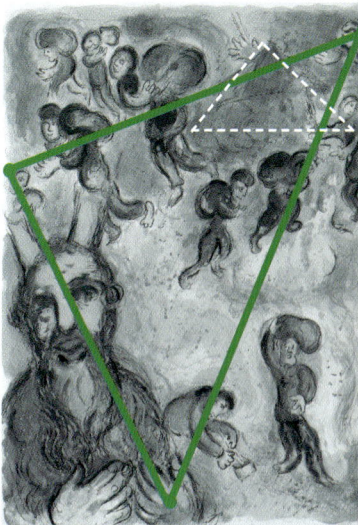

[ABB. 8d]   [ABB. 8c]   [ABB. 8e]

[ABB. 8f]

Mose, links in den Vordergrund gerückt, fast ein Viertel des Gemäldes einnehmend, steht nicht auf demselben Boden wie die Versklavten. Ist er hier der vor dem Pharao wegen des Mordes an einem Ägypter nach Midian Geflohene [Ex 2, 12-15]? Ist er hier der, der nach der Geburt seines Sohnes Gerschom = Ödgast sagt // GAST BIN ICH IN FREMDEM LAND // [Ex 2,22]? Das Bild erfasst nur seinen Oberkörper. Seine verschatteten Augen entziehen sich einem zudringlichen Blick. Seine leicht geöffneten Lippen, sind die eines Menschen, der zur Klage ansetzt, der dem Entsetzen Worte geben möchte, auch der Angst vor Verfolgung, da er gemordet hat, aber – die Worte wollen sich nicht fügen. Sprachlos bleibt auch der Impuls, argumentierend um Einsicht und Verständnis zu kämpfen. [vgl. ABB. 8f]

So gebraucht er seine Hände, groß und gewichtig, als würden sie die sechzehn unfreien Hände all derer hinter ihm in sich versammeln zu *einer* großen Kraft. Noch sind dies keine Führungshände. Sie sind im Dialog mit seinem Herzen und mit einem Gegenüber außerhalb des

Bildes, wer immer dies auch sei. Klarheit und Licht liegt auf seinem faltenlosen Gesicht und leuchtet in den beiden Strahlen auf seinem Kopf. Ist es schon das Leuchten des Feuerscheins vom brennenden Dornbusch? Eine künstlerische Ankündigung und Vorwegnahme der Berufungserzählung?

ABB. 9 MOSES VOR DEM BRENNENDEN DORNBUSCH, 1960–1966

MOSE AM DORNBUSCH UND ALS FÜHRER
SEINES VOLKES

EX 3,1–4,31, 13,20–14,31, 15,19–21 UND 20,1-17

// ALS MOSCHE DIE SCHAFE HINTER DIE WÜSTE FÜHRTE,
LIESS SICH SEIN BOTE VON IHM SEHEN
IN DER LOHE EINES FEUERS MITTEN AUS DEM DORNBUSCH …
UND GOTT SPRACH:
MOSCHE! MOSCHE!
DIESER ANTWORTETE:
DA BIN ICH!
ER ABER SPRACH:
KOMM NICHT NÄHER!
STREIFE DEINE SCHUHE VON DEINEN FÜSSEN,
DENN DER ORT, DARAUF DU STEHST, IST HEILIGER BODEN …
DER SCHREI DER KINDER ISRAELS IST ZU MIR GEKOMMEN
UND GESEHEN HABE ICH DIE PEIN, MIT DER DIE ÄGYPTER SIE BEDRÄNGEN.
NUN GEH,
ICH SCHICKE DICH ZUM PHARAO.
FÜHRE MEIN VOLK, DIE KINDER ISRAELS, AUS ÄGYPTEN! …
UND GOTT SPRACH ZU MOSCHE:
ICH WERDE DA SEIN, ALS DER ICH DA SEIN WERDE.
SO SOLLST DU ZU DEN KINDERN ISRAELS SPRECHEN:
DER ICH BIN DA SCHICKT MICH ZU EUCH. //

[Ex 3,1-2.4-5.9-10.14]

Für Chagall ist Mose (hebräisch: Mosche) „die Quelle, aus der alles stammt", und es gibt kein Bildzeichen, das er häufiger gemalt hat, als diese Gestalt. Auch Chagalls ursprünglicher Vorname, ihm von seinen Eltern gegeben, war Mosche.

Nach der biblischen Tradition war Mose Gesprächspartner und Repräsentant Gottes, Vermittler zwischen Israel und seinem Gott, verantwortlicher Anführer des Volkes, Prophet, Priester, Gesetzgeber und Richter.

In der Erzählung seiner Berufung reagiert er mit Einwänden, Bedenken, mit Angst und Selbstzweifel auf den Auftrag und die Aufgabe, die ihm zugesprochen und auferlegt wird. Auf seine bange Frage, in welchem Namen er zu den Kindern Israels gehen solle, taucht der Gottesname auf, den kein Jude auszusprechen wagt, das sog. Tetragramm JHWH. Der Name, der eigentlich ein Versprechen, die Zusage einer Beziehung ist: // ICH BIN DA ALS DER/DIE ICH DA SEIN WERDE. // Was immer geschieht, ich bin bei euch, ich bin für euch da, ich gehe mit euch.

Die Erde ist mit Himmel vollgepackt,
und jeder gewöhnliche Busch brennt mit Gott. –
Aber nur der, der es sieht, zieht die Schuhe aus.
Die andern sitzen herum und pflücken Brombeeren.

ELIZABETH BARRETT BROWNING

Wieder beherrscht die Farbe Blau, die Chagall „seine Farbe" nennt, die Szene. Das Blau des Meeres, des rettenden und verschlingenden, das Blau der Nacht, die das Auge entlässt und das Hören und Vernehmen weckt, das Blau als transzendentales Raumzeichen, als der Ort der über-sinnlichen, der spirituellen Erfahrung. Dieses Blau ist der Raum, in dem Mose den Ruf vernimmt, sein Volk herauszuführen aus der Knechtschaft Ägyptens.

Leuchtend weiß ist er gewandet. Diese Kleidung erinnert an ein Ritual in jüdischen Gemeinden, das Chagall vertraut war, und das mancherorts am Jom Kippur-Tag im

Gottesdienst vollzogen wurde: Die Betenden, alle in lange weiße Gewänder gekleidet, werfen sich auf die Erde, den folgenden Lobpreis sprechend: „Wir beugen das Knie, werfen uns nieder und bekennen uns in Dankbarkeit zu ihm, dem König aller Könige, dem Heiligen, gelobt sei er."[7]

Nicht nur die Kleidung, auch die Körperhaltung des Mose, ein Zustand zwischen knien und niederfallen, lässt an den Vollzug dieses Rituals denken. Es scheint, als hätte ihn ein unwiderstehlicher Sog nach links oben hin erfasst, ihn des Stehvermögens beraubt, und ihn dennoch in der Schwebe haltend. Sein leicht zurückgenommener Kopf und seine Rechte, die betroffen an die Brust fasst, unterstreicht die Frage, die ihm im Gesicht steht: Bin wirklich ich gemeint? // WER BIN ICH DENN ... // [Ex 2,11]. Seine Linke, golden wie die Strahlen auf seinem Haupt, berührt seine Hüfte. Vielleicht eine Anspielung Chagalls auf des Ringen Jakobs am Jabbok: Berufung ist immer auch Verwundung.

Der Sog nach links oben zu den mosaischen Gesetzestafeln hin, zur Offenbarung jener göttlichen Gabe der „Zehnworte", die eine Lebensfürsorge und -zusage an die Israeliten sind, hat auch den Dornbusch und die aus dem Bild hinauswandernde Mosesgestalt erfasst, beide in eine leichte Diagonale geneigt.

Der stämmige baumartige Dornbusch flammt in einen Kreis hinein, in dem die Offenbarungsfarben Rot und Gelb konzentrisch angeordnet sind, der hälftig je das Blau der Erde und das Grün des Himmels in sich einschließt. SEIN geflügelter Bote [Ex 3,2] blickt hier freundlich, mit ausgebreiteten Armen auf den Busch hinab, bildet in Einheit mit ihm gleichsam die Mittelachse des Gemäldes, den Drehpunkt des Geschehens. Statt des Boten hatte Chagall in einer früheren Version hier die Buchstaben des Gottesna-

[ABB. 9a]

mens ausgeschrieben, mit dem Geflügelten aber gleichsam die für den Menschen erträglichere und dem biblischen Text entsprechendere Form der indirekten Begegnung mit dem Göttlichen gestaltet. [vgl. ABB. 9a]

Andere geflügelte Tier- und Menschengestalten, astrale Zeichen, scharfkantige und spitz gezackte, halbmondförmige Körper, ein seitlich horizontal hereinragender Baum, auf ihm ein Vogel im Weiß des Moseskleides, füllen den Himmelsraum rechts und bleiben vielen Deutungen offen.

Unter ihnen die ungestört weidenden Schafe des Hirten Mose in ihrem selbstverständlichen Dasein. Und aus dem rechten unteren Rand ins Bild tretend wie ein Baum-Mensch, Aaron mit Priesterkappe und Brustschild [vgl. ABB. 9b], auf dem zwölf Punkte zu erkennen sind

– Karneolsteine mit den eingravierten Namen der zwölf Stämme Israels [Ex 39,6]. Er bricht gerade auf [Ex 4,14-16], Mose zu begegnen und dessen „Mund zu werden".

// DU HAST DEIN VOLK ISRAEL
UNTER ZEICHEN UND WUNDERN,
MIT STARKER HAND,
MIT HOCH ERHOBENEM ARM UND
GEWALTIGEN SCHRECKENSTATEN
AUS ÄGYPTEN HERAUSGEFÜHRT. //
[Jer 32,21]

Die geglückte Flucht einer Gruppe von Nomaden, Sklaven und Fronarbeitern, die sogenannte Mose-Gruppe, und das Passieren einer gefährlichen Wasserstelle wurde als wunderbare, gottgewirkte Rettung erfahren. In der Befreiung erlebte die Mose-Gruppe die Macht Jahwes gegenüber dem ägyptischen System und dem anmaßenden Gott-Pharao.
Der Weg nach dem Aus- und Aufbruch aus der Knechtschaft führte durch Angst, Mutlosigkeit und Zweifel – wie ein Weg durch lebensbedrohende, verschlingende Wasser.

// MIRJAM, DIE KÜNDERIN, AARONS SCHWESTER,
NAHM IN IHRE HAND DIE PAUKE
UND IHR NACH ZOGEN ALLE FRAUEN MIT PAUKEN, IN
REIGENTÄNZEN.
MIRJAM STIMMTE IHNEN AN:

Chagall verbindet auf seinem Gemälde die Rettung aus der Sklaverei mit der Gabe des „Zehnworts" – nicht „zehn Gebote" – vom Sinai. Diese Weisungen zum Leben erwachsen aus der Exoduserfahrung: Befreite Menschen erkennen in diesem ihrem Sippenethos die Freiheit als schützenswertes Gut. Jahwe hat sie frei gemacht und deshalb werden sie sich keinen Mächten mehr unterwerfen, die sich gottgleich aufspielen. Sie werden nicht mehr vor ihnen in die Knie gehen. Jahwe hat ihnen Recht verschafft und ihnen ein Leben in Freiheit ermöglicht und darum werden sie auch anderen Menschen Recht verschaffen und ihnen ein Leben in Freiheit ermöglichen.

Das linke Bilddrittel ist der Erzählung der Rettung gewidmet. Mose, der Kopf des Volkes, über den irdischen Horizont erhoben, in Gelb – der Offenbarungsfarbe und der Komplementärfarbe zu Blau – den Gesetzestafeln beigeordnet, schreitet als der andere Hirte, der seine Schafe verlassen und zum Hirten seines Volkes geworden ist, aus dem Bild hinaus. Im tiefblauen Obergewand, gleichsam eingeborgen in seinem Mantel, die geordnete Schar der Israeliten, die nicht mehr zurückblicken, die frei von Panik in Ruhe dahinschreiten. Einzelne Gestalten sind erkennbar: ein Elternpaar mit Kind, ein Schaf, das auf den Schultern getragen wird.

[ABB. 9c]

Die Jahwe-Wolke hat sich zwischen sie und das ägyptische Verfolgerheer geschoben, das befremdlicherweise in farblicher Entsprechung zum Dornbusch steht. // ICH WERDE SIE (DIE VERFOLGER) MEINEM LICHTGLANZ AUSSETZEN // [Ex 14,4–17] lautet das Wort Jahwes an Mose; das wird die Rettung der Israeliten und der Untergang der ägyptischen Streitmacht sein: Reiter, Soldaten mit Schwertern, Schilden, Lanzen, ein Königswagen; Pferde stürzen, ertrinken, fliehen, werden niedergetrampelt von den Zurückflüchtenden, gehen unter im rückflutenden Meer, das durch die Fische im linken unteren Eck symbolisiert wird. Die Übermacht der Unterdrücker wird zur Ohn-Macht. Sie wird dem Untergang preisgegeben, hinweggeschwemmt.

Schon ist mein Blick am Hügel, dem besonnten,
dem Wege, den ich kaum begann, voran.
So fasst uns das, was wir nicht fassen konnten, –
voller Erscheinung, aus der Ferne an –
und wandelt uns, auch wenn wirs nicht erreichen,
in jenes, das wir, kaum es ahnend, sind;
ein Zeichen weht, erwidernd unserm Zeichen …
Wir aber spüren nur den Gegenwind.

RAINER MARIA RILKE

ABB. 10 MOSE SCHLÄGT WASSER AUS DEM FELSEN, 1960–1966

WASSER AUS DEM FELSEN

EX 17,1-7

// DAS VOLK DÜRSTETE NACH WASSER.
ES MURRTE GEGEN MOSCHE UND SPRACH:
WARUM HAST DU UNS HERAUSGEBRACHT AUS ÄGYPTEN,
UM UNS, UNSERE KINDER, UNSER VIEH VOR DURST UMKOMMEN ZU LASSEN!
MOSCHE SCHRIE ZU IHM:
WAS SOLL ICH DIESEM VOLKE TUN?
ES FEHLT NUR WENIG UND SIE STEINIGEN MICH.
ER ANTWORTETE MOSCHE: ...
NIMM DEINEN STAB IN DIE HAND UND GEH!
DA, ICH STEHE DORT VOR DIR AUF DEM FELS AM CHOREB.
DU SCHLÄGST AN DEN FELS, WASSER FÄHRT AUS IHM HERVOR,
UND DAS VOLK TRINKT. //

[Ex 17,3-6]

// FELSEN SPALTETE ER IN DER WÜSTE
UND TRÄNKTE SIE AN DER FÜLLE DES QUELLS.
RINNSALE HOLTE ER AUS DEM GESTEIN,
LIESS WASSER FLIESSEN WIE STRÖME. //

[Ps 78,15]

Die neue Freiheit führt nicht gleich in „das gelobte Land", vielmehr zuerst in den lebensfeindlichen Raum der Wüste, durch Durststrecken, Ausgesetztsein, Todesangst. Die versklavende Sicherheit Ägyptens erscheint im Rückblick besser als die bedrohliche Gegenwart, als die utopisch anmutende Zukunft. Das Volk hat den Verdacht, der Exodus sei nichts als eine eigenmächtige Unternehmung des Mose, als Verführung zum Weg in den Tod.

Letztlich ist das Murren gegen den Anführer ein Murren gegen JHWH. Doch der/die ICH BIN DA tadelt die Klage und Anklage des Volkes nicht, sondern antwortet auf dessen Angstschrei mit dem Geschenk lebendigen Wassers. Dieses wird zum Symbol für das andere, größere Geschenk, für die Weisungen vom Sinai.

Rund siebzig Augenpaare blicken mit beredtem Mienenspiel aus dem Bild entgegen. Fast wie Samen, die das lebensspendende Wasser aus der erstarrten Schale, aus der Erstarrung der Todesangst lockt, wirken die dicht aneinandergedrängten Köpfe, und wie Keimlinge die auffällig ausgearbeiteten, zahlreichen und auf vielfältige Weise bewegten Arme und Hände. Sie werden wieder handlungsfähig, die Frauen, die Männer, die Alten, die Jungen. Und die Kinder finden zum Spiel zurück nach notvoller Trockenheit und Verdurstungsgefahr. Wie aus einem wohlgeordneten Chor scheinen die Stimmen des Staunens, der Dankbarkeit, des Lachens, der Zärtlichkeit, des Gebetes, sich zu einem großen Klang zu formen.

Von beiden Rändern des Gemäldes steigen die Israeliten, ohne zu drängen, hinab zur Schöpfstelle, bleiben stehen, unterhalten sich, schenken Zärtlichkeiten, halten mit großer Sorgfalt ihre Gefäße, alle mit der Öffnung nach oben. Viele sind sie, ein ganzes Volk, und doch gibt es kein Gesicht, das dem anderen gleicht, keinen Gestus, keine Haltung und auch kein Kleid, das sich wiederholt. Auf jede Gestalt fällt irgendein Licht. Ein buntes Volk steht hier zusammen. Eine Vielfalt von Farben fasst jeweils einzelne kleine Gruppen zusammen. Aus dem Dunkel der Sklaverei sind sie wieder zu ihrer Farbigkeit aufgeblüht.

Und dann das Erstaunliche: Genau im Mittelpunkt des fast quadratischen Gemäldes ist nicht etwa Mose zu finden! Dort, gleichsam in der Herzmitte der Versammelten, schwingt eine junge Frau – ist es Mirjam? – ihre Arme in die Höhe, beginnt einen Tanz. Ihr Jubel ist ansteckend, färbt ab, das Lindgrün breitet sich aus, das Farbfeld erfasst die ihr Nahestehenden.

Das warme Braun-gelb des Berghanges, an dem sich die Israeliten samt ihrer Tiere, die so selbstverständlich zu ihnen gehören, versammelt haben, überwölbt die Schöpfenden und Wartenden in einem bergenden Bogen von einem Bildrand zum andern und erinnert daran, dass im Hebräischen das Wort ‚Barmherzigkeit' gleichbedeutend ist mit ‚Mutterschoß'. Die weiche Rundung der Kuppe hat wenig von einem Felsen, sie erinnert eher an eine weibliche Brust. Diese Rundung wiederholt sich nach oben noch dreimal: im Rot eines Sonnenbogens (in Vorarbeiten hat Chagall hier mehrfach eine Höhle angesiedelt) – die Assoziation einer Brustwarze drängt sich auf –, darüber im üppigen Gelb der Gottesgegenwart, und links oben im Eck, im angedeuteten Sinai-Berg, auf dem Mose das Lebensgesetz, das „Zehnwort" entgegennimmt. [vgl. ABB. 10a]

Im roten Bogen, genau besehen hinter dem Horizont, ist die Quelle angesiedelt, aus der das lebensrettende Wasser quillt. Das genaue Woher ist dem menschlichen Auge verborgen. Das Wasser fließt nicht in üppiger Breite, es ist eher ein spärliches Rinnsal, das von links oben nach rechts unten seinen Weg in das Volk der Israeliten hinein nimmt und zu ihren Füßen endet. In ihm aber spiegelt sich der

[ABB. 10a]

Reichtum des göttlichen Rot und Gelb, wodurch Chagall verdeutlicht, dass die Erzählung sich als ein Ereignis spiritueller Erfahrung verstanden wissen will, nicht als die Wiedergabe einer Wundersensation.

Ein zweiter, sich wasserfallähnlich ergießender Strom in Gold, der die Haartracht einer Gruppe von sieben Menschen über ihm farblich konturiert hat und mitten aus dem Volk hervorbricht, sprudelt hinab bis hin zu einer Milchziege, auch sie in sein Leuchten tauchend. Das Tier ist Buch- und Armstütze für einen Lesenden, der in die Ferne blickt und vielleicht vom verheißenen Land träumt, in dem Milch und Honig fließen werden [vgl. ABB. 10b]. Zusammen mit dem blauen Quellwasser bildet der gelbe Fluss komplementärfarbig eine weitere Bogen- oder Krugform, ein Motiv, das das gesamte Gemälde durchwebt: geöffnet nach oben und fließend nach unten.

[ABB. 10b]

Und noch einmal, gleichsam wie eine Spiegelung der Sonnenrundung, vom äußersten linken Eck unten, wo das Rot auf einen Mann mit Krug fällt, über die untere Bildmitte – rot dort ein Gefäß, eine Kniende und selbst ein Huhn –, bis hin zu einer Menschengruppe rechts oberhalb des gelben Stromes, und fast einmündend in die braune Horizontlinie des Berghanges, hat Chagall ein weiteres Mal eine Krugform angedeutet, die ihre Öffnung zur linken Bildseite hin neigt, dorthin, wo eine Frau im blauen Gewand deutlich macht, dass sie mit lebensrettendem Wasser beschenkt wurde.

Mose, in herausgehobener Größe, steht über allen, getrennt, und doch, auch hier in Bogenform umringt, in der Mitte seines Volkes. Hinter sich gelassen hat er das Schafhirtentum. Doch die Tiere in seinem Rücken sind nicht verloren. Sie sind gehalten im roten und gelben Licht, in ihrem Dasein befriedet. Mose überragt mit seinem Kopf den irdischen Horizont, taucht ein in den göttlichen Bereich. Sein linker Fuß, der andere Pol, steht auf der Erde, auf dem Boden der Realität, genau auf der vertikalen Mittellinie des Gemäldes über der tanzenden Frauengestalt. Sie beide bilden die senkrechte Achse, die über eine weiße, sich in einer großen Bogenbewegung zum Wasser hinneigenden Person hinunterführt zum unteren Bildrand und dort aufsteht, wo ein Blaugekleideter – er selbst erfüllt von der Wassergabe – auf der Erde liegt mit leerem Gefäß, an einer Stelle, wo das Wasser versiegt scheint.

Das Blau, das die Mose-Gestalt umfließt, ist nicht identisch mit seinem Gewand. Es ist die Farbe, die sein Tun als ein rituell-spirituelles Handeln andeutet. Mit geschlossenen Augen, in sich gesammelt, seine Arme empfangend und gebend in Bogenform geöffnet, hält Mose, nach dem, was geschehen ist, inne mit dem Stab, der ihm gegeben wurde von JHWH, und der die göttliche und irdische Welt miteinander verbindet, in Fluss bringt. So kann er der Vermittler sein. Er hat Teil an allen Sphären. Auf seinen Rücken zu, von der höchsten Erhebung der Bergkuppe kommend, fliegt ein Engel, der den Schofar bläst: Freudensignal, Dank, Stärkung, Verdeutlichung der Handlung als sakrales, rituelles Tun?

Wie fast überall auf Chagalls Gemälden, ist auch hier die vergangene Gegenwart ins Bild gesetzt: rechts oben in der Ecke schlagen Flammen aus den Häusern, Menschen fliehen. Ein Mann hat einen Flüchtlingssack geschultert, in dem die Tora gerettet wird. Vom Himmel herab ragen zwei Beine, wegweisend für die Fliehenden? [vgl. ABB. 10c]

[ABB. 10c]

Die Botschaft des Gemäldes, die unvorstellbare Rettung vor dem Untergang, ist für Chagall immer eine Botschaft an die Menschen seines Volkes, die unvorstellbares Grauen erleiden mussten, und auch eine Botschaft an alle Zeitgenossen, dass das Wirken JHWHs nicht *war*, sondern *ist*. *Ich bin der/die* ICH BIN DA.

// ICH WAR ES DOCH, DER EFRAIM (ISRAEL) GESTILLT HAT,
INDEM ICH IHN AUF MEINE ARME NAHM ...
UND ICH WAR FÜR SIE WIE SOLCHE,
DIE EINEN SÄUGLING AN IHREN BUSEN HEBEN ...
DENN GOTT BIN ICH UND NICHT MANN,
IN DEINER MITTE HEILIG,
UND NICHT KOMME ICH UM ZU ZERSTÖREN. //
[Hos 11,3-4.9][8]

ABB. 11 MOSE UND JOSUA, 1966

MOSES ABSCHIED – DIE BERUFUNG JOSUAS

NUM 27,12-23, DTN 32,48-52;34 UND JOS 1,1-9

// JHWH SPRACH ZU MOSCHE:
NIMM DIR JOSUA, DEN SOHN NUNS,
EINEN MANN, IN DEM GEIST IST,
LEGE DEINE HAND AUF IHN,
STELLE IHN VOR DEN PRIESTER ELASAR UND VOR DIE GANZE GEMEINDE,
SETZE IHN VOR IHREN AUGEN IN SEIN AMT EIN,
GIB VON DEINEM GLANZ AUF IHN,
DAMIT DIE GANZE GEMEINSCHAFT DER KINDER ISRAELS IHM GEHORCHT. //
[Num 27,18-20]

Bevor Mosche auf den Berg Nebo stieg, wo ihn Gott das „Gelobte Land" sehen ließ, ehe er dort – so eine Überlieferung – „unter dem Kuss des Ewigen starb", gab er sein Amt, gab er die Tora vom Sinai und gab er etwas von seinem Charisma an seinen Diener Josua weiter. Nach den biblischen Texten führte dieser die Landnahme durch.

// WIE ICH BEI MOSCHE WAR, WILL ICH DA SEIN BEI DIR,
NICHT LASSE ICH DICH LOS, NICHT SAGE ICH DIR AB,
SEI STARK, SEI FEST,
JA DU SOLLST DIESEM VOLK DAS LAND ZU EIGEN GEBEN,
DAS ICH IHREN VÄTERN ZUGESCHWOREN. //
[Jos 1,5-6]

Auf Chagalls Lithographie bleibt Josua am Rande. Mosche ist die Zentralfigur – so auch in der schriftlichen und mündlichen Tradition.

Fast furchterregend schrei-tet dieser Mose aus dem Bild heraus, ist schon so unmittelbar nahe getreten, dass der begegnende Blick seine Beine nicht mehr sehen kann, sie sich also bereits außerhalb des Blickfensters befinden. Das lose Gewand, das in weichem, wie windgeblähtem Faltenwurf flattert, macht seine kraftvoll-entschiedene Bewegung deutlich, und die markanten schwarzen Konturen verleihen der Gestalt eine gewichtige Körperhaftigkeit. Das vitale Rot des Kleides lässt ‚ein-leuchten', was die biblische Erzählung über den Abschiednehmenden sagt:

// MOSE WAR 120 JAHRE ALT, ALS ER STARB. SEIN AUGE WAR NOCH NICHT GE-TRÜBT, SEINE FRISCHE WAR NOCH NICHT GESCHWUNDEN. // [Dtn 34,7] Seine Kraft, seine // FURCHTERREGENDEN UND GROSSEN TATEN // [Dtn 34,12] sprengen nach oben und unten den Rahmen des Bildes, der fließend offen bleibt, ähnlich dem Rahmen jener Lithographie, aus dem die versklavten Hebräer vor den Ägyptern hinausfliehen [vgl. Abb. 8].

Dieser Mose sprengt alle Rahmen, auch den des Bildthemas „Mose und Josua". Die Bibel erzählt folgende Szene:

// MOSE RIEF JOSUA HERBEI UND SAGTE VOR DEN AUGEN DES GANZEN ISRA-ELS ZU IHM: EMPFANGE MACHT UND STÄRKE. // [Dtn 31,7] Aber nur ein Sechstel der Bildfläche ist Josua, dem Nachfolger, zugeteilt; weit bleibt er unter Mose zurück, reicht ihm nicht einmal bis zur Hüfte. Auch in der schriftlichen und mündlichen Tradition bleibt Josua eine Randgestalt, was folgendes Zitat deutlich macht: // NICHT ABER ERSTAND HINFORT EIN PROPHET IN ISRAEL MOSCHE GLEICH, DEN JHWH ANTLITZ ZU ANTLITZ ER-KANNTE. // [Dtn 34,10]

Die Moses-Gestalt sprengt auch den Rahmen im Gesamtwerk des Künstlers. Kein anderes Motiv hat Mosche-Marc Chagall so oft bearbeitet und in immer neuen Versionen erschaffen, wie das seines Namensgebers. Mose ist die am häufigsten repräsentierte Figur auf seinen Gemälden. „Mose ist die Quelle, aus der alles stammt". Dieser Ausspruch Chagalls verdeutlicht die Bedeutung, die er dem Gottberufenen beigemessen hat. Und er selbst hat sich berufen und verpflichtet gefühlt, mit seinen künstlerischen Kräften diesen Mose wiederzubeleben, diese Quelle wieder zu erschließen.

Mein Volk, mein armes Volk, du hast keine Tränen mehr,
vor uns zieht keine Wolkensäule, kein Stern mehr einher,
gestorben ist unser Mose, er liegt schon lange im Sand,
er hat dich hereingebracht und wieder vertrieben aus unserem Land.

Unsere letzten Propheten sind stumm, sie schweigen,
für euch hatten sie ihre Kehlen zerrissen,
der Klang ihrer Lieder will nicht mehr aufsteigen,
die aus ihrem Mund herausgesprudelt waren zu Flüssen.

Alle wollen in deinem Herzen die Tafeln zerbrechen,
deine Wahrheit, deinen Gott wollen sie vernichten,
eine schuldige Welt will dir die Kraft rauben,
und dich zwingen auf jedes Stück Land zu verzichten.

Reiße mit deinen Händen die schwarzen Himmel entzwei
wirf das Exilslos dem Feuer der Blitze jetzt hin
mach von Verschimmeltem und Verstaubtem dich frei
halt deine Wahrheit gegen die ganze Welt dir im Sinn!

MARC CHAGALL

[ABB. 11a]

Der Abschiednehmende füllt mit seinem Rumpf die gesamte rechte Bildhälfte aus. Seine durch starke Konturierung hervorgehobene linke Schulter samt Oberarm ist nach vorne geschoben, drängt vorwärts; dadurch ist eine leichte Drehung des Schultergürtels angedeutet, die eine Dreidimensionalität, eine plastische Tiefenwirkung entstehen lässt. Sie wiederum macht deutlich, dass die Arme leicht nach hinten schwingen und den weit unter ihm stehenden oder knienden Josua hinter sich lassen. Die Blicke der beiden begegnen sich nicht.

Die ausgestreckte Rechte des Mose, in identischem Goldgelb mit seinem Gesicht und auf einer Liniengeraden mit diesem, scheint den Auftrag JHWHs auszuführen, ist eine Mittlerhand nicht eine Eigenmächtige. // DER HERR ABER SETZTE JOSUA, DEN SOHN NUNS IN SEIN AMT EIN. // [Dtn 31,23] Nicht Mose handelt, sondern ER. [vgl. ABB. 11a]

Die Linke vollführt einen eher beiseiteschiebenden Gestus, führt damit eine zeitliche Dimension in die Darstellung ein. Mose ist schon weiter; den Führungsstab mit blauem Knauf und Teller hat er Josua schon übergeben. Dessen noch leicht geöffnete Rechte wird ihn rasch umschließen müssen. Seine Linke wird sich zum Handeln von seiner Brust lösen müssen, und seine in Sammlung geschlossenen Augen wird er auf die Belange seines Volkes richten müssen. Noch aber ist er auf dem Bild – verdeutlicht durch den kleinen Raum, der unter den Händen des Mose entsteht – im Offenbarungszelt, in das Jahwe die beiden hereingerufen hat, // DAMIT ICH IHN EINSETZEN KANN // [Dtn 31,14]; das weiße Licht der Gottesgegenwart blendet noch seine Augen. Aber letztendlich gehört Josua dem Grün der Erde an.

[vgl. ABB. 11b]

[ABB. 11b]

Die stärkste Anziehung übt das Gesicht, üben die Augen des Mose aus. Es sind die Augen dessen, von dem die Bibel sagt: // NIEMALS WIEDER IST IN ISRAEL EIN PROPHET WIE MOSE AUFGETRETEN, IHN HAT DER HERR AUGE IN AUGE BERUFEN. // [Dtn 34,10] Rilke sagt von diesen Augen in seinem Gedicht „Der Tod des Moses": „... Und sein Auge war rein bis zum Grund der Kräfte ..." Es sind die Augen dessen, der im Angesicht des Todes den Blick der Sehnsucht ins Land der Verheißung richtet, dorthin, wohin er sein Volk führen wollte. Es ist der Blick dessen, der dieses Ziel nicht erreichen darf, mit dem Jahwe am Ende eines langen gemeinsamen Weges hadert:

// DU DARFST DAS LAND VON DER ANDEREN TALSEITE AUS SEHEN, ABER DU DARFST DAS LAND, DAS ICH DEN ISRAELITEN GEBEN WERDE, NICHT BETRETEN ... DENN IHR SEID MIR UNTREU GEWESEN. // [Dtn 32,51-52;34,4]

Und es sind die Augen dessen, der dennoch versöhnlich und immerwährend Teil hat an seiner Herrlichkeit, wie die in das Oben hineinreichenden und ihm zufließenden Strahlenbündel und das Weiß des göttlichen Lichtes auf seinem Kopf sowie die Farben Rot und Gelb, die ihn kleiden und gestalten, symbolisieren. [vgl. ABB. 11a]

[ABB. 11c]

Ein Goldgelb bedeckt die gesamte Rückfläche der Szene; die zweite Schicht, in Rot aufgetragen, mischt sich mit dem Gelb zum leuchtenden Orange. Schwarz linierte, scharfkantig, spitzwinklige Figuren deuten die karge Felsenlandschaft an, den Berg, die Berge, die im Leben des Mose in ihrer Unwirtlichkeit, Unzugänglichkeit und Einsamkeit die Orte der Gottesbegegnungen waren. Dort hat er das „Zehnwort", das Lebensgesetz für sein Volk empfangen, dorthin ruft ihn Jahwe zu sich: // GEH HINAUF AUF DAS GEBIRGE ABARIM, DAS DU VOR DIR SIEHST, STEIG AUF DEN BERG NEBO. DORT AUF DEM BERG, DEN DU ERSTEIGST, SOLLST DU STERBEN. // [Dtn 32, 49-50] Selbst sein letzter Weg führt mühsam nach oben. [vgl. ABB. 11c]

… Da beugte der alte
Gott zu dem Alten langsam sein altes
Antlitz. Nahm ihn im Kusse aus ihm
in sein Alter, das ältere. Und mit Händen der Schöpfung
grub er den Berg zu, dass es nur einer,
ein wiedergeschaffener, sei unter den Bergen der Erde,
Menschen nicht kenntlich.

Rainer Maria Rilke

Sonnenrundungen verschwistern sich den strengen Geraden, unterbrechen sie, tanzen wie Bälle, verströmen das Rot. Zwei sparsam angesetzte Bögen deuten um den Kopf des Mose eine Aureole an.

Chagall hat seinem Volk mit diesem Bild den Mose neu geschenkt, hat das Feuer der Liebe neu entfacht, hat das „Reiße mit deinen Händen die schwarzen Himmel entzwei / wirf das Exilslos dem Feuer der Blitze jetzt hin …" verwirklicht und ist seinem Auftrag, den er als Künstler und Maler für sich empfand, gefolgt:

Ich hob gemolt di went de helle,
di klesmer, tenzer, oif de bihne,
mit farbn, bloie, roite, gele
hob ich geschonken aich a schechine*.
Ich will mit aich, varschtumte brider,
zusammen loifn zu di schtern.
di nacht die finstere wet lichtig wern,
mir wellen singen naie lider
un alle velker welln hern.

*Herrlichkeit Gottes

ABB. 12 DEBORA, 1978–1985

DEBORA – „MUTTER ISRAELS"

RI 4 UND 5

// DAMALS WAR DEBORA, EINE PROPHETIN, RICHTERIN IN ISRAEL. SIE HATTE IHREN SITZ UNTER DER DEBORA-PALME UND DIE ISRAELITEN KAMEN ZU IHR HINAUF, UM SICH RECHT SPRECHEN ZU LASSEN.

DEBORA SCHICKTE BOTEN ZU BARAK, LIESS IHN RUFEN UND SAGTE ZU IHM: „JHWH, DER GOTT ISRAELS BEFIEHLT: GEH HIN, ZIEH AUF DEN BERG TABOR UND NIMM ZEHNTAUSEND MÄNNER MIT DIR! ICH ABER WERDE SISERA, DEN HEERFÜHRER EURER FEINDE MIT SEINEN WAGEN UND SEINER STREITMACHT ZU DIR AN DEN BACH KISCHON LENKEN UND IHN IN DEINE HAND GEBEN."

BARAK SAGTE ZU IHR: „WENN DU MIT MIR GEHST, WERDE ICH GEHEN; WENN DU ABER NICHT MIT MIR GEHST, WERDE ICH NICHT GEHEN."

SIE SAGTE: „JA, ICH GEHE MIT DIR; ABER DER RUHM BEI DEM UNTERNEHMEN, ZU DEM DU AUSZIEHST, WIRD DANN NICHT DIR ZUTEIL; DENN JHWH WIRD SISERA DER HAND EINER FRAU AUSLIEFERN." //

[Ri 4,6-9]

Auch nach der so genannten „Landnahme" der Israeliten beherrschten die Städte der Kanaaniter durch ihre militärische Überlegenheit das fruchtbare Kulturland und die dominierenden Besiedlungshügel in Palästina. Die Siedlungen der Israeliten beschränkten sich im Wesentlichen auf das noch unbewohnte Bergland und die noch nicht gerodeten Waldgebiete zwischen den Städten und den fruchtbaren Ebenen. Da die kanaanäischen Stadtstaaten die Wege kontrollierten, konnten sie immer wieder den Durchgang verwehren, den Kontakt zwischen den Stämmen verhindern und deren Lebensraum einengen. Letztlich standen die israelitischen Sippen und Stämme unter der Gewalt dieser Stadtstaaten.

Debora, die als Richterin vorgestellt wird, als Prophetin und weise Frau, die Streitigkeiten unter den Israeliten schlichtet, ruft zum Überlebenskampf auf. Als Retterin wird ihr der Titel „Mutter in Israel" zugesprochen – als einziger Frau in der Bibel.

Der Mann Barak teilt den charismatischen Enthusiasmus Deboras nicht. Er möchte die Verantwortung für den Feldzug nicht übernehmen, besteht auf Deboras Begleitung und Stütze, selbst um den Preis, dem eigenen Ruhm zu schaden.

Das Bild ist Teil eines großen Kirchenfensters im Ostchor der St. Stephanskirche in Mainz.

Das Morgenlicht, die aufgehende Sonne, lässt weithin das Rubinrot von Deboras Kleid und das Smaragdgrün der Palmenkrone wie zwei Edelsteine aufleuchten, während die ikonografisch erzählte Geschichte im verhaltenen Blau-Dunkel bleibt.

Blau, die Farbe des Wassers, der Fruchtbarkeit, aber auch die Farbe der vernichtenden Sintflut, das Blau des Baches Kischon, an dem Barak mit Deboras Vermittlung die Feinde besiegt: // DER BACH KISHON SCHWEMMTE SIE (DIE FEINDE) FORT, DER ALTBERÜHMTE BACH, DER BACH KISCHON. // [Ri 5,21]; Blau, auch die Farbe der Nacht, der Ruhe gewährenden, der Deckung gebenden, aber auch der gefährdenden Nacht: Denn sie verbirgt auch die Machenschaften feindlicher Kräfte; Blau schließlich die Farbe, die Chagall „die Seine" nennt. Als solche symbolisiert sie eine spirituelle Erfahrung, hebt das vordergründig materielle Geschehen auf eine transpersonale und überzeitliche Ebene.

Das Fensterkreuz und die daraus sich ergebenden vier Szenensegmente machen auf den ersten Blick deutlich, welche Bedeutsamkeit Chagall der Frauengestalt Debora zumisst. Sie ist auf drei Bildteilen gegenwärtig, während Barak mit seinen Mannen nur eine Randerscheinung bleibt.

Debora, die Prophetin und die Richterin, sitzt nicht auf einem Thron. Die Männer müssen nicht, wie es die Bibel zitiert, // HINAUF ZU IHR // [Ri 4,4]. Die weise und vom ganzen Volk geehrte Frau [Ri 5,7] scheint auf der Darstellung wie hineingebettet in ein Geflecht vitaler, schmückender, Blüten und Früchte tragender Ranken, die im Bogen von rechts unten bis hin zur Palmenkrone links oben eine andere Art von „Richterstuhl" formen Die Phantasie lässt es zu, sich im Gezweige auch flatterndes, krabbelndes und kriechendes Kleingetier vorzustellen. Von diesen Ästen, Wurzeln und Zweigen lässt sich Debora halten, getragen fast wie von einer lebenden Hängematte. Florale Ornamente schmücken ihr Kleid und ihr frei fallendes Haar. Selbst ihrem Gesicht sind – im einzigen Glassegment, das ein fast gleichschenkliges Dreieck aufweist – Blätter zugeordnet, die an Zweigen tanzen. [vgl. ABB. 12a]

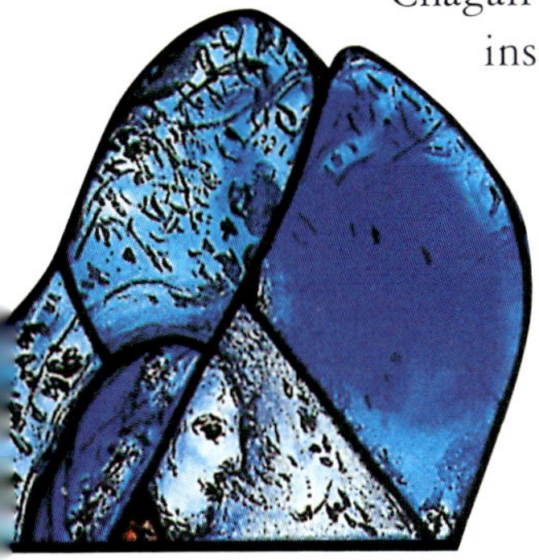

[ABB. 12a]

Chagall sieht diese Frau nicht als eine, die aus institutioneller Machthoheit spricht. Sie sitzt auf seiner Darstellung auch nicht // IM GEBIRGE EFRAIM // [Ri 4,5], weder Richterstuhl noch andere Machtinsignien sind ihr zugeordnet. Schwerelos, in Halbmondform, mit einladend entgegenbewegten Armen und Händen „empfängt" sie die, die sie rufen ließ. Die

[ABB. 12b]

Kommenden müssen sich zu ihr herablassen. Auffällig viele Glassegmente des Bleinetzes, die ihrer Domäne zugeordnet sind, sind in weiblich runde Formen zugeschnitten, auch Halbmondformen bildend, die die Kraft der Weiblichkeit symbolisieren. Sie sind bei Chagall, wie der kleine goldene Halbmond auf Deboras Gewandzipfel, auch häufig ein verschlüsseltes hebräisches Schriftzeichen für den Gottesnamen (Doppel-Jod ˮ). [vgl. ABB. 12b]

Auch die Palme ist in der orientalischen Welt ein Frauenbaum. Nicht der Stamm ist es, der hier auf der Darstellung eine Rolle spielt, sondern die fast schildkrötenförmige Krone, voll goldener Früchte, die weniger an Datteln als an Äpfel, an das Attribut des Reichsapfels erinnern. Diese smaragden leuchtende Krone, zusammengesetzt aus zehn Glasteilen, schwebt wie ein Kopfschmuck, wie ein weiblicher Helm über der Prophetin und Richterin, der Frau, die zur Ermutigung der Männer mit in den Krieg zieht [Ri 4,8], um den geeigneten Zeitpunkt des Angriffs zu erspüren [Ri 4,14], sie, die // MUTTER ISRAELS // [Ri 5,7]. [vgl. ABB. 12c]

Barak, vom rechten Mittelfeld des Glasfensters zu Debora hinabsteigend, setzt zu sehr kleinen Schritten an. Das Weiß auf seiner Gestalt macht immerhin deutlich, dass es nicht eigentlich Deboras Ruf ist, der an ihn erging, und der ihn auf den Weg gebracht hat, sondern, aus ihrem Munde, der JHWHs. Mit eingesunkener Brust, sein Obergewand fest um sich gezurrt, wirkt er eher schmal und zerbrechlich. Arme und Hände hält er unter seinem Überwurf verborgen und eng an sich gepresst. [vgl. ABB. 12d]

[ABB. 12c]

Noch ist er nicht zum Handeln bereit. Sein Blick und der Deboras begegnen sich nicht, sie treffen sich in den Händen Deboras, die fast in die Mitte der Darstellung gerückt sind. Und beider Füße finden sich im selben Fenstersegment, im tiefsten Dunkelblau: Sie werden den gefährdenden und von Jahwe befohlenen Weg gemeinsam gehen.

Barak hat Rückendeckung. Drei Gestalten sind angedeutet. Die vorderste von ihnen scheint ihn fast anzuschieben. Über seinem Kopf sichtbar, sechs Kuppeln, wohl die eines in leichtes Licht getauchten Heerlagers, das vor den Toren einer Stadt errichtet wurde, wie einzelne erkennbare Häuser vermuten lassen. Darunter, in Ellenbogenhöhe, rechts neben Barak, ist eine weibliche Gestalt erkennbar. Es könnte Jaël sein, die mit ihrer kühnen Tat den gefürchteten feindlichen Heerführer Sisera überwältigt [Ri 4,21ff]. Barak, unterstützt von zwei Frauen, und Debora hat es ihm angekündigt: nicht ihm wird der Ruhm gehören, sondern ihnen.

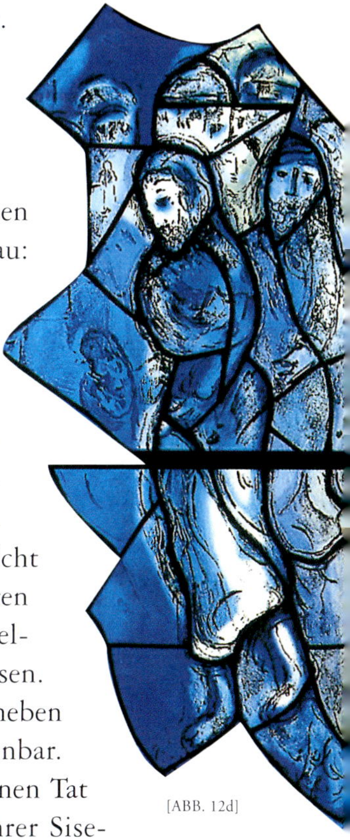

[ABB. 12d]

// IN DEN TAGEN, DA ES KEINE HELDEN MEHR GAB IN ISRAEL, ALS DIE WEGE VERLASSEN DALAGEN, ALS ES KEIN BROT AN DEN TOREN MEHR GAB, KEINE BEWOHNER DES OFFENEN LANDES, ES GAB SIE NICHT MEHR IN ISRAEL, BIS DU DICH ERHOBST, DEBORA, BIS DU DICH ERHOBST, MUTTER IN ISRAEL. DANN HATTE DAS LAND VIERZIG JAHRE LANG RUHE. //
[Ri 5,6-8.31]

FALLT AUS DER ROLLE

Fallt aus der Rolle
Fürchtet euch nicht
werdet zu Menschen
die sich trauen
werdet freie Frauen.
Gott hat uns nicht zu Puppen bestimmt
Im Marionettenspiel
das Leben gestalten und tragen
die eigenen Schritte wagen.

Fallt aus der Rolle
Fürchtet euch nicht
werdet zu Menschen
die sich trauen
werdet freie Frauen.
Gott hat uns nicht an Ketten gelegt
als Schmuckstück und Magd für Herren
die Gaben entfalten und handeln
das Sterben in Zukunft verwandeln.

Fallt aus der Rolle
Fürchtet euch nicht
werdet zu Menschen
die sich trauen
werdet freie Frauen.

CHRISTA PEIKERT-FLASPÖHLER

ABB. 13 KÖNIG DAVID, 1962

KÖNIG DAVID

1 SAM 16–31, 2 SAM, 1 KÖN 1,1–2,12 UND 1 CHR 1–17

// DAVID ERWÄHLTE ER, SEINEN KNECHT,
HOLTE IHN VON DER SCHAFE HÜRDEN.
DA ER DEN SÄUGENDEN LÄMMERN FOLGTE, RIEF ER IHN,
DASS ER JAKOB WEIDE, SEIN VOLK,
ISRAEL, GOTTES ERBE. //
[Ps 78,70f]

// ALS MEINEN KNECHT HABE ICH DAVID ERFUNDEN,
UND IHN MIT HEILIGEM ÖLE GESALBT,
DASS MEINE HAND FÜR ALLE ZEIT MIT IHM SEI,
UND KRAFT IHM VERLEIHE MEIN ARM …
ER WIRD MICH RUFEN: „MEIN VATER BIST DU,
MEIN GOTT UND DER FELS MEINES HEILS." –
ICH ABER – ZUM ERSTGEBORNEN SETZ ICH IHN EIN,
ZUM HÖCHSTEN UNTER DEN HERRSCHERN DER ERDE.
ICH WAHRE IHM MEINE HULD IN EWIGKEIT,
FEST GEGRÜNDET BLEIBT IHM MEIN BUND. //
[Ps 89,21.22.27-29]

In der Überlieferung wurde die Zeit und die Person Davids stetig zunehmend idealisiert: David der Gründer des geeinten, unabhängigen „Großreichs Israel", das allerdings bald wieder zerbrach; David, der ideale König, an dem sich alle seine Nachfolger messen lassen mussten; David, der von JHWH Erwählte und Gesalbte, mit Gottes Geist Begabte, von „schöner Gestalt", dem die Gunst des Volkes und die Liebe der Frauen zuflog, der die Feinde besiegte, die kanaanäischen Stadtstaaten und die Nachbarvölker zu Frondienst und Tributleistungen unterwarf; David, der die Bundeslade nach Jerusalem überführte und damit die Zentralisierung des Tempelkults anbahnte; David, der Harfenspieler, Sänger und Dichter, auf den Lieder und Hymnen möglicherweise zurückgehen [2 Sam 1,19-27; 3,33f; 22; 23,1-7] und dem 73 Psalmen durch die Überschriften zugeschrieben werden.

Bei aller Idealisierung – vor allem im Buch der Chronik – verschweigt die Bibel in der „Biografie" Davids nicht seine dunklen Seiten und nicht sein schuldhaftes Vergehen: Ehebruch, Mord, fragwürdige strategische und diplomatische Winkelzüge, Nachgiebigkeit gegenüber seinen Söhnen, verhängnisvolle Nachlässigkeit in der Frage der Thronnachfolge.

Die Davidsgeschichte entwirft das Bild von einem Menschen mit Höhen und Tiefen, mit Fähigkeiten und Unvermögen, mit Erfolgen und mit Scheitern, mit Freudentaumel und mit Verzweiflung. David erscheint aber immer als der Mensch, der sich unter das Gottesrecht stellt, der die Worte der Propheten achtet, auch wenn sie ihm seine Vergehen vorhalten, der bereit ist, seine Schuld zu bekennen und zu büßen. Und so konnten sich an David und an der ihm geschenkten Verheißung [2 Sam 7,8-14], der so genannten Natansweissagung, alle messianischen Erwartungen, Sehnsüchte und Utopien festmachen.

// SO HAT JHWH ZEBAOT GESPROCHEN:
ICH WAR ES, DER DICH VON DER WEIDE HINTER DEN SCHAFEN WEGNAHM,
DAMIT DU FÜRST ÜBER MEIN VOLK ISRAEL SEIEST.
ICH BIN MIT DIR GEWESEN, BEI ALLEM, WAS DU UNTERNAHMST …
WENN DEINE TAGE VOLL SEIN WERDEN

UND DU DICH ZUR RUHE LEGST BEI DEINEN VÄTERN,

DANN WILL ICH DEINEN NACHKOMMEN NACH DIR,

DER AUS DEINEM LEIB HERVORGEHT, EINSETZEN UND

SEIN KÖNIGTUM FEST GRÜNDEN.

ICH WERDE IHM VATER SEIN UND ER, ER WIRD MIR SOHN SEIN.//

[2 Sam 7,8 -14]

Immer neu ist dieser Text aktualisiert und interpretiert worden. Im Exil hoffte man auf ein Reis aus der Wurzel Jesse [Jes 11,1].

„Davidssohn" ist zum Würdetitel des Messias geworden. Und diese Weissagung ist es auch, die die eschatologische Hoffnung wach hält, dass Gott am Ende der Tage sein Volk befreien und ihm einen König aus Davids Haus schenken wird.

Die Vertikale ist das fast aufdringlich hervorgehobene Strukturelement dieses Gemäldes: das Ausgespanntsein zwischen dem Unten und Oben, die große Distanz, die es zu überbrücken gilt, die Erdhaftung, die unten bindet, und die Hochgestimmtheit, die beflügelt …

Die Höhe des Bildes entspricht fast der Verdoppelung der Breite. Die drei farblich beherrschenden Personengestalten sind überdimensional in die Länge gezogen, streben nach oben und verstärken, noch dazu durch ihre Randposition, die Senkrechte. [vgl. ABB. 13a u. b]

[ABB. 13a]   [ABB. 13b]

Auch im Mittelfeld geht es um die Vertikale: Zwei nach unten segelnde musizierende Engel verkörpern die Bewegung von oben nach unten; der Schofar des Lilafarbenen befindet sich, verselbständigt, im freien Fall, wohingegen der Davidsturm in der Mittelsenkrechten wiederum die Gegenbewegung nach oben unterstreicht. [vgl. ABB. 13c]

Während durch die großflächigen, randständigen, beinahe säulenartig wirkenden Personendarstellungen die Szene Ruhe und Stabilität gewinnt, ist im vertikalen Mittelfeld, sowohl durch die Anhäufung von Bildelementen, als auch durch die Bewegung aller dort angesiedelten Wesen, ein Innenraum geschaffen, der von Schwingungen lebt, von Musik, von den Klängen der Harfe Davids, von den Lobgesängen der Männer, Frauen und Kinder in Jerusalem, von denen der Violine, dem Schofar der Engel, vielleicht auch vom Krähen des Hahnes und von den heiteren Gesprächen der Hochzeitsgesellschaft unter dem roten Brautbaldachin. [vgl. ABB. 13d]

[ABB. 13c]

[ABB. 13d]

[ABB. 13e]

Dieser Bild-Innenraum ist das, ikonografisch sichtbar gemachte, seelische Innere des Königs und Sängers David, der sich ihm mit geschlossenen Augen in gesammeltem Gestus zuneigt. Dieser Raum ist einer, in dem göttliche und menschliche, geistige und körperliche Liebe eins sind. Das aufmerksam betrachtende Auge entdeckt genau im diagonalen Schnittpunkt des Bildes einen verhalten goldenen Halbmond am oberen Flügel des lilafarbenen Engels. Seine, farblich kräftigere, Entsprechung findet sich im linken oberen Eck des Gemäldes. In der Bildersprache Chagalls stehen diese Monde für das hebräische Doppel-Jod (״), das eine Abkürzung und eine ehrfurchtsvolle Wiedergabe des Gottesnamens ist.

JHWH ist also der Drehpunkt im Zentrum des Gemäldes. SEIN Licht, das Gelb-Gold durchwirkt das Mittelfeld der Szene. ER – Chagall steht auf dem Boden chassidischer Tradition, nach der Gott sich in allen Wesen offenbart – ist Musik, ist Kunst, ist Geist, ist Körper, Pflanze, Tier, ist Frau und Mann und Kind. [vgl. ABB. 13e]

Weiblich rundet sich – ein Gegenpol zur Vertikalen - die Umfriedung der Davidsstadt Jerusalem im unteren Bilddrittel // DAVID BAUTE AN DER STADT RINGSUM VOM MILLO AN UND IM UMKREIS ... // [1 Chr 11,8] um seine Bewohnerinnen und Bewohner, dieses farbige Volk der Israeliten, die ihre gefühlvolle Bewegtheit zum Ausdruck bringen.

Männlich erhebt sich der Davidsturm. Für Chagall ist er das Wahrzeichen der Heiligen Stadt, obwohl er nicht zur Davidszeit gehört, sondern ein mittelalterliches Bauwerk ist. Links neben ihm, orangefarben getönt, rot und gelb in sich vereint, eine Frau mit haltender Gebärde, die ihren Arm nach oben geführt hat, etwas trägt? Ist es Bathseba, die Frau, deretwegen David, verführt von triebhaftem Verlangen zum Mörder wurde? Oder ist es Sauls Tochter Michal [1 Chr 15,29], deren Verachtung David ertragen muss, als sie sich, aus dem Fenster blickend angeekelt von dem sich ekstatisch gebärdenden Harfenspieler abwendet, der tanzend und singend vor der Bundeslade in Jerusalem einzieht?

Über ihr die Harfe, ein Lichtkörper, eher einer Tora gleichend, als einem Saiteninstrument, in den Armen gehalten wie eine Geliebte mit weißer – bräutlicher – und männlich grüner Hand. Die diagonale Verlängerung beider Hände nach rechts führt über den Hahn, dem Symbol der Versöhnung, zum Brautstrauß des weißgrünen Paares und zu einem gedeckten Tisch.

Und noch einmal die Senkrechte: direkt über dem roten Ärmel Davids im Mittelfeld der rote Brautbaldachin, dazwischen ein zweiter Brautstrauß. Zwei geliebten und wertgeschätzten Frauen (Bella, und nach deren Tod Vava) war Chagall bis an sein Lebensende verbunden. In beide Sträuße ist das göttliche Gelb eingewoben; jede Form der Liebe ist eine göttliche.

Das Brautpaar ist – schwebend – vom Irdischen fast losge-
löst, in zartgelbe Konturen eingeborgen, das Handgelenk
der Braut mit göttlichem Licht bereift. Das Paar ragt hinein in das Herrlichkeitsgold über den irdischen Horizont
hinaus. Die ungewöhnlich vertikale Dehnung: ein sinnen-
haftes Zeichen für die Sehnsucht nach Erde *und* nach Himmel, für das Hin- und Hergezogensein?

David, die Titelgestalt des Gemäldes, großflächig in kö-
nigliches Purpur gekleidet, in das Rot auch der Liebe,
schreitet auf dem festen Boden der Stadt, die er erfolgreich
erobert hat. Die Bundeslade hat er dorthin überführt und
Jerusalem damit zum Mittelpunkt des Gottesvolkes und
zur Heiligen Stadt gemacht [1 Chr 15 u. 16]. Kopf und Krone,
die ein dunkles Feld durchwachsen, steigen auf bis zur
Stadt Witebsk. Die Krone sprühend, wie ein Tropfen-Per-
lenspiel. Und so wie die gedachte verlängerte Linie seiner
beiden Hände zum Brautstrauß und zu dem mit Speisen

[ABB. 13f]

bestückten Tisch hin-
führt, so endet eine zweite gedachte Linie von der
grünen Hand ausgehend
über seinen grünen Bart
leitend beim goldenen
Halbmond in der linken
oberen Ecke. Die Bezie-
hungen und Verbindun-
gen einzelner Bildelemen-
te in Chagalls Gemälden
sind unauffällig und dem
Unbewussten doch ge-
genwärtig. [vgl. ABB. 13f]

Mann- und Frausein ist göttlich, so hat es Chagall selbst erlebt mit seiner ersten Frau Bella, die allzu früh und plötzlich starb, nach deren Tod er seine Gemälde zur Wand hin umdrehte, neun Monate des künstlerischen Schaffens nicht mehr fähig; so hat er es auch erlebt mit Vava, die bis zum Lebensende ihm zur Seite war; so hat er es erlebt mit seiner Tochter Ida und mit seinen Eltern. Himmlisch erlebte er auch seine Kindheit in Witebsk, und so ist auch auf diesem Gemälde am oberen Horizont seine Heimatstadt gegenwärtig mit der Auferstehungskirche – weiß-grün auch sie, und in dieser Farbgebung einen Motivkreis in der oberen Bildhälfte schließend.

Auf diesem Bild der Beseeligung erscheint das Bedrohliche, das graue Witebsk, das Grauen des jüdischen Volkes in Witebsk zwar nicht verdrängt, aber doch ganz winzig in die rechte obere Ecke gedrängt. David, die große Trost-gestalt, der Dichter- und Musiker, der Chagall in einer mystischen Erfahrung nahe gekommen ist, und dem er sich mit seiner Kunst verwandt fühlt, dieser Kraftvolle vermag die Düsternis zu besiegen und Visionen zu nähren.

Chagall hat seinen Sohn nach ihm benannt.

ABB. 14 DER PROPHET JEREMIA, 1968

DER PROPHET JEREMIA

JER 1–52

// JHWH streckte seine Hand aus,
berührte meinen Mund und sagte zu mir:
„Hiermit lege ich meine Worte in deinen Mund.
Sieh her!
Heute setze ich dich über Völker und Reiche;
du sollst ausreissen und niederreissen,
vernichten und einreissen,
aufbauen und einpflanzen. //
[Jer 1,9f]

In einer Zeit des Umbruchs und des Zusammenbruchs ist Jeremia das kritische Gewissen Judas. Er sieht die Geschehnisse unter einem anderen Blickwinkel als seine Zeitgenossen. Träumen diese von einem unabhängigen Staat mit Anklängen an das davidische Reich, so warnt er vor Unheil aus Babylon, mahnt zur Umkehr im Rahmen einer neuen, gerechten JHWH-Gesellschaft. Versuchen erstere den soziologischen Veränderungen in der judäischen Gesellschaft durch starre Festschreibung und Verdinglichung heilsgeschichtlicher Traditionen zu begegnen, so fordert er eine Veränderung des Bewusstseins und tastet sich zu neuen Antworten vor. Haben seine Zeitgenossen angesichts der nationalen Katastrophe der Eroberung Jerusalems und des Exils alle Hoffnungen begraben, so verkündet er eine neue Heilszeit, in der die Tora dem Menschen ins Herz geschrieben wird. Das Gehorsamsproblem, an dem der Sinaibund gescheitert ist, wird aufgelöst, da die unmittelbare Gottesbeziehung im Innern des Menschen wurzelt.

// SO SPRICHT JHWH:
„MEIN GESETZ WERDE ICH IN IHR INNERES GEBEN
UND AUF IHR HERZ WERDE ICH ES SCHREIBEN,
UND ICH WILL IHR GOTT SEIN,
UND SIE WERDEN MEIN VOLK SEIN.
KEINER WIRD DANN NOCH SEINEN NÄCHSTEN ODER SEINEN BRUDER BELEHREN:
ERKENNET DOCH JHWH!
DENN ALLE, VOM KLEINSTEN BIS ZUM GRÖSSTEN,
WERDEN MICH ERKENNEN – SPRICHT JHWH –
DENN ICH WERDE IHNEN IHRE SCHULD VERGEBEN
UND IHRER SÜNDEN NICHT MEHR GEDENKEN. //
[Jer 31,33f]

Für den Menschen Jeremia ist seine prophetische Existenz zumeist eine schier unerträglich Last, die ihm von JHWH aufgebürdet worden ist: Erfolglosigkeit seiner Botschaft, eine Welle von Feindschaft, die ihm entgegenschlägt, Ausgrenzung aus der Gesellschaft, Vernichtung seiner Schriften, Kerker und Verbannung. Er verzweifelt fast an dem Schweigen und der scheinbaren Unzuverlässigkeit JHWHs, von dem er sich im Stich gelassen fühlt, da seine persönliche Gotteserfahrung nicht mehr mit seinem traditionell geprägten Gottesbild übereinstimmt:

// DU HAST MICH BETÖRT, HERR, UND ICH LIESS MICH BETÖREN;
DU HAST MICH GEPACKT UND ÜBERWÄLTIGT ...
SAGTE ICH ABER: ICH WILL NICHT MEHR AN IHN DENKEN
UND NICHT MEHR IN SEINEM NAMEN SPRECHEN,
SO WAR ES MIR, ALS BRENNE IN MEINEM HERZEN EIN FEUER,
EINGESCHLOSSEN IN MEINEM INNERN.
ICH QUÄLTE MICH, ES AUSZUHALTEN,
UND KONNTE NICHT. //
[Jer 20,7.9]

Das konfliktträchtige Verhältnis zwischen JHWH und seinem Volk spiegelt sich wider im Leiden des Propheten. So erfährt Jeremia sein Scheitern nicht als Vernichtung und Ende, sondern im unbeirrbaren Vertrauen auf die Treue Gottes als Bestätigung und integrativen Bestandteil seiner Botschaft.

Das Kreis-Motiv ist das bestimmende Element dieses Gemäldes. Der Kreis ist Geschlossenheit, Vollendung, Geborgenheit, In-Sich-Ruhen, auch Symbol für Weiblichkeit.

Der äußerste Kreis, ein weißlichtiger Versöhnungsbogen, nur zu einem Viertel im Bild, grenzt das Nacht-Schwarz aus und spannt sich wie ein Schirm über die Szene. Im rechten oberen Eck überwandert ein fahler Lichtkreis diese Schirmlinie und ragt als einziger Farbkörper in das kosmische Schwarz hinein.

Ein parallel zum äußeren Lichtstreifen-Kreis verlaufender, dünner Goldfaden im rechten Eckbereich wiederholt und unterstreicht die Kreisbewegung in der Farbe der Gottesherrlichkeit, wölbt sich über eine weiße immateriell durchscheinende Lichtgestalt. Ihr Gesicht, die Haartracht, die Zartheit der Hand lassen an ein weibliches Wesen denken. Es geht um Abstraktion: Die ganze Gestalt ist unkörperlich, Kopf und Hand stehen metaphorisch dafür, dass dem diesseitigen Menschen eine Begegnung mit solchen Überirdischen möglich sein kann. Der rechte, flügelartig gestaltete, gedoppelte Lichtstreif wiederholt erneut die Kreiskrümmung, verbindet den großen vollmondähnlichen Lichtkreis mit den beiden kleineren, halbverdunkelten, auf dem transparent gestalteten Oberkörper der Lichtgestalt. [vgl. ABB. 14a]

Schwarz und Weiß sind in der Botinnen-gestalt integrierend einander zugeordnet, ein offenes, transparentes Ganzes bildend. Rechtsseitig wiederholt der weiße, kometenförmige Lichtstreif, in seiner Abstraktion zur Flügelmetapher geworden, sowie auch die leichte Neigung des Kopfes, die Kreisform, während der übrige Astralkörper als einzige Gerade auf dem Gemälde, die Kreise durchbricht, sie überflügelt.

Ein weiterer Kreis, ein Sonnen-Mond-Kreis links oben: in ihm sind alle Farben göttlicher Präsenz versammelt: das Weiß der Gottesgegenwart, das Gelb der Herrlichkeit, das Rot der Liebe. Und wiederum, wie auf vielen Gemälden, finden sich hier die beiden schwarzen Halbmonde, das von Chagall häufig in Anlehnung an das hebräische Doppel-Jod (״) verwendete Schriftzeichen und Kürzel für den Gottesnamen. Beide Halbmonde bilden zusammen einen Dritten, Attribut der Weiblichkeit auch er.

Zentralgestalt innerhalb und unter den Kreisen, in Gold gewandet, das die Schatten des nächtlichen Schwarz, des dunklen, notvollen Lebens nicht verhehlt, sitzt gebeugt der gealterte Jeremia. Seine faltendurchfurchte Stirn und seine Augen sind auf die gezackte, blitzähnliche Linie am rechten unteren Bildrand gerichtet, als erinnere er sich an den niederdrückenden und beängs-

[ABB. 14a]

tigenden, ihn selbst gefährdenden Auftrag, den JHWH ihm auferlegt hatte: Er sollte seinem Volke verkünden:

// AUS DER HÖHE HERAB DONNERT JHWH ... MÄCHTIG DONNERT ER ÜBER SEINER FLUR ... ZU ALLEN ERDENBEWOHNERN DRINGT DER SCHALL, JA BIS ANS ENDE DER ERDE ... VERDORRT SIND DIE FRIEDLICHEN WIESEN VOR DEM GLÜHENDEN ZORN JHWHs. ER VERLÄSST SEIN VERSTECK WIE EIN LÖWE; IHR LAND IST ZU EINEM BILD DES ENTSETZENS GEWORDEN DURCH SEIN RASENDES SCHWERT UND DURCH DIE GLUT SEINES ZORNES. // [Jer 25, 30-38]

Diese dunklen und unerträglichen Stunden seines Lebens, in denen er seine Geburt verfluchte (// WEH MIR, MUTTER, DASS DU MICH GEBOREN HAST, EINEN MANN, DER MIT ALLER WELT IN ZANK UND STREIT LIEGT. // [Jer 15,10]) scheinen hier auf dem Gemälde Vergangenheit zu sein. Chagall hat auf diesem Bild wohl jene Lebensphase des Propheten dargestellt, in der es ihm vergönnt war, Trostworte an seine bedrängten Volkgenossen zu richten.

Eingeborgen sitzt er in einem Kreis, dessen linke Hälfte seine Rückenlinie bildet und dessen Zentrum der hellgelbe Punkt über dem Buchfalz ist. Vollendet man diesen Kreis nach rechts, so umfasst er den linken Lichtstreif der Botin, und ruht am unteren Gemälderand auf. Form und Farben erwecken das Bild eines Samenkorns, einer Keimzelle, die das Licht aufgenommen und erweckt hat. // WIE ICH ÜBER SIE GEWACHT HABE UM AUSZUREISSEN UND EINZUREISSEN, ZU ZERSTÖREN, ZU VERNICHTEN UND ZU SCHADEN, SO WERDE ICH ÜBER SIE WACHEN, UM AUFZUBAUEN UND EINZUPFLANZEN. // [Jer 31,28] // WIEDER SOLLST DU WEINBERGE PFLANZEN AUF SAMARIAS BERGEN. // [Jer 31,5] Das golddurchwirkte Grün ist gleichsam der Nährstoff Hoffnung, der den noch in der Schale eingeengten und gekrümmten „Keimling" Jeremia erstarken lässt, ihn aufrichten wird. // IN JENEN TAGEN UND ZU JENER ZEIT WERDE ICH FÜR DAVID EINEN GERECHTEN SPROSS AUFSPRIESSEN LASSEN. // [Jer 33,15]

Auf seinem Nacken lastet nicht mehr das Jochholz [Jer 27,2; 28,10]; die Sonne des Mutter-Gottes, des lebenserweckenden, (// DENN GOTT BIN ICH UND NICHT MANN // [Hos 11,9]) scheint ihn heilend an dieser Stelle zu berühren, und die Geste der Betroffenheit, die sein linker Arm ausführt, bringt sein Ergriffensein zum Ausdruck.

Nicht Aug in Auge begegnet er der Botin dieses weiblich geprägten Gottes. Ihrer beider Blicke richten sich dorthin – im rechten unteren Eck –, wo der unterste weiße Lichtbogen, wie die Wölbung der Erdkugel oder wie die zarte Wurzel eines keimenden Samens, die Zackenlinie berührend, sich ins Dunkel senkt. Im selben Eck ist ein Gesicht erkennbar und eine Hand. Ist es Baruch, der Gefährte und Schreiber Jeremias, der dessen Schicksal – Flucht, Gefangennahme und Verschleppung nach Ägypten – teilte? Deutet auch das linke untere Eck, wo durch eine schwarze Bahn getrennt von der lichtgegründeten Stadt eine schwarze Hand nach dem in hebräischen Buchstaben geschriebenen Namen Jeremias greift, auf das Verschleppungsschicksal hin?

Im Rücken des Propheten, das Schwarz überfärbend, eine lilafarbene Bahn, das Lila der Vision, der Wirklichkeit, die erst Verheißung ist. Jeremia darf sie erahnen und im Auftrag JHWHs verkünden // SEHT, ICH WENDE DAS GESCHICK DER ZELTE JAKOBS, SEINER WOHNSTÄTTEN ERBARME ICH MICH. DIE STADT SOLL AUF IHREM SCHUTTHÜGEL AUFGEBAUT WERDEN, DIE BURG AUF IHREM ALTEN PLATZ STEHEN. // [Jer 30,18] Die wieder aufgebaute Stadt, am unteren Ende

[ABB. 14b]

des lilafarbenen Feldes, ist gegründet auf das göttliche Rot und Gelb. Ein eng umschlungenes Liebespaar [vgl. ABB. 14b] scheint aus ihm emporzuschweben und vergegenwärtigt die Zusage JHWHs: // IN DEN STÄDTEN JUDAS UND AUF DEN STRASSEN JERUSALEMS, ... HÖRT MAN WIEDER JUBELRUF UND FREUDENRUF, DEN RUF DES BRÄUTIGAMS UND DEN RUF DER BRAUT; SIE RUFEN UND SINGEN ... // [Jer 33,11].

JEREMIA

Einmal war ich weich wie früher Weizen,
doch, du Rasender, du hast vermocht,
mir das hingehaltne Herz zu reizen,
dass es jetzt wie eines Löwen kocht.

Welchen Mund hast du mir zugemutet,
damals, da ich fast ein Knabe war:
eine Wunde wurde er: nun blutet
aus ihm Unglücksjahr um Unglücksjahr.

Täglich tönte ich von neuen Nöten,
die du, Unersättlicher, ersannst,
und sie konnten mir den Mund nicht töten;
sieh du zu, wie du ihn stillen kannst,

wenn, die wir zerstoßen und zerstören,
erst verloren sind und fernverlaufen
und vergangen sind in der Gefahr:
denn dann will ich in den Trümmerhaufen
endlich meine Stimme wiederhören,
die von Anfang an ein Heulen war.

RAINER MARIA RILKE

GEBET

Nacht, stille Nacht, in die verwoben sind
ganz weiße Dinge, rote, bunte Dinge,
verstreute Farben, die erhoben sind
zu Einem Dunkel Einer Stille, – bringe
doch mich auch in Beziehung zu dem Vielen,
das du erwirbst und überredest. Spielen
denn meine Sinne noch zu sehr mit Licht? ...

RAINER MARIA RILKE

ABB. 15 DER PROPHET JESAJA, 1968

DER PROPHET JESAJA

JES 1–66

// ZION SAGT: DER HERR HAT MICH VERLASSEN,
GOTT HAT MICH VERGESSEN.
KANN DENN EINE FRAU IHR KINDLEIN VERGESSEN,
EINE MUTTER IHREN LEIBLICHEN SOHN?
UND SELBST WENN SIE IHN VERGESSEN WÜRDE:
ICH VERGESSE DICH NICHT.
SIEH HER: ICH HABE DICH EINGEZEICHNET IN MEINE HÄNDE,
DEINE MAUERN HABE ICH IMMER VOR AUGEN. //

[Jes 49,14-16]

Das Buch Jesaja wurde in verschiedenen Epochen und von unterschiedlichen Verfassern niedergeschrieben. Das Fundament bildet das Wirken des Jerusalemer Propheten Jesaja ben Amoz aus der zweiten Hälfte des 6. Jh. v. Chr. Er war ein hochgebildeter Mann, der von der Frage umgetrieben wurde, wie sein jüdisches Volk in Zeiten des politischen Umbruchs überleben kann. Während König und Elite auf diplomatische Bündnisse setzen, vertraut er auf die Führung JHWHs, der Jerusalem zu einer Stadt des Rechts und der Gerechtigkeit machen will.

Jesajas Schüler richteten Mahnungen, Trostworte und Zukunftsvisionen an die Verbannten in Babylon. Sie verkündeten ihre Heimkehr, den Wiederaufbau des Tempels und die Sammlung der Zerstreuten.

Spätere Verfasser arbeiteten auch noch nach der Rückkehr während der Zeit der Restauration an dem großen Thema des Buches weiter: JHWH, der Heilige Israels, wird sich seines Volkes erbarmen und seine Stadt Jerusalem in den Stürmen der Weltgeschichte nicht untergehen lassen. Wer sich auf ihn verlässt, der ist nicht verlassen, der kann auch im Dunkel der Gegenwart aufschauen zu neuen Perspektiven, zu Hoffnungsvisionen.

// DIE AUF JHWH HARREN,
GEWINNEN NEUE KRAFT,
IHNEN WACHSEN SCHWINGEN WIE DEN ADLERN.
SIE LAUFEN UND WERDEN NICHT MÜDE,
SIE GEHEN UND WERDEN NICHT MATT. //
[Jes 40,31]

Jesaja will die Menschen aus der Fixierung auf Vergangenes herausholen und sie öffnen für neues Denken, neues Leben, das sich bereits ankündigt in unscheinbaren Anfängen:

// DENKT NICHT MEHR AN DAS, WAS FRÜHER WAR;
AUF DAS, WAS VERGANGEN IST, SOLLT IHR NICHT SCHAUN.
SEHT HER, NUN MACHE ICH ETWAS NEUES.
SCHON KOMMT ES ZUM VORSCHEIN, MERKT IHR ES NICHT? //
[Jes 43,18f]

Besonders der zweite Teil des Buches ist durch weibliche Metaphorik gekennzeichnet. Angesichts der hoffnungslosen Situation, in der durch die deuteronomische Theologie sattsam der zürnende, rächende Gott dem Volk vor Augen geführt wurde, tauchen als Gegengewicht vermehrt mütterlich weibliche Züge im Gottesbild auf, die das Erbarmen (hebr. rächäm, wörtlich: Mutterschoß) JHWHs, seine verzeihende Liebe und mütterliche Fürsorge in den Blick kommen lassen, beispielsweise Gott als Amme [Jes 1,2 und 46,3f], als Gebärende [Jes 42,14], als Mutter eines Säuglings [Jes 49,15], als Leihmutter [49,21], als tröstende Mutter [Jes 66,13], als erbarmende Liebe [Jes 54,10].

[ABB. 15a]

Ein achtflügelig loderndes Flammenwesen mit weiblichen Gesichtszügen taucht die gesamte Szene in fackelndes Rot und Gelb. Zwei Drittel der linken Bildhälfte geben ihm Raum für die dreidimensional wirkende, kreisende Bewegung der Flammenflügel. Der Blick der Botin kommt aus dem Bild heraus und sucht die Begegnung mit denen, die, wie durch die Rahmenbegrenzung eines Fensters, die Szene von Drinnen nach Draußen betrachten, eine Szene, die sich außerhalb von Ort und Zeit ereignet.

Dieser Blick hat etwas Zwingendes, so wie auch der Gestus der beiden Arme, die den Kopf des Jesaja fast wie in eine

Zange nehmen, um ihn dorthin zu drehen, wohin der überlange linke Arm und die verlängerten Finger hinweisen. Dorthin soll die Aufmerksamkeit des Propheten und auch derer, die das Bild betrachten, gelenkt werden: auf eine Art Visions-Blase. [vgl. ABB. 15a]

Die Gestalt des Jesaja, unmittelbar rechts neben der Mittelvertikalen und in freibleibendem Abstand zur Flammenbotin, ist durch eine flächige Pinselführung auffallend stark schwarz konturiert; vom Feuer der glühenden Kohle der Reinigung versengt und zur Berufung entflammt?

(// DA FLOG EINER DER SERAFIM ZU MIR; ER TRUG IN SEINER HAND EINE GLÜHENDE KOHLE, DIE ER MIT EINER ZANGE VOM ALTAR GENOMMEN HATTE. ER BERÜHRTE DAMIT MEINEN MUND"; „DANACH HÖRTE ICH DIE STIMME JHWHS, DER SAGTE: WEN SOLL ICH SENDEN? WER WIRD FÜR UNS GEHEN? ICH ANTWORTETE: HIER BIN ICH, SENDE MICH! // [Jes 6,6-8])

Ein feiner Goldfaden zieht sich um den Körper des Propheten und schließt die Konturen: ‚umgarnt' von IHM, ‚verwoben' in ein ungeheuerlich sich Ereignendes?

Der Ort des Geschehens ist kein materiell konkretisierbarer. Es finden sich keine landschaftlichen Anhalts-Punkte. Keine Festlegung ist möglich. Hier ist ein Ort spirituellen Geschehens gestaltet. Auch die Körperhaltung Jesajas ist eine, die keine eindeutige Definition nahelegt. Sie ist eine flüchtige, eine, die kein Verweilen erlaubt. Sie ist eine Momentaufnahme zwischen einem weitausholenden Vorwärtsschreiten oder einem Sinken auf das linke Knie; oder sie ist der Moment des Wiederaufrichtens, also ein deutliches Übergangsgeschehen. Die Art des Zugreifens der Engelsgestalt lässt eher an ein nach oben Führen denken, ebenso wie das nach unten Entgleiten der Schriftrolle aus Jesajas linker Hand.

Die rechte Hand, auffällig in den Herrlichkeitsfarben Rot und Gelb und durch eben diese Farbgebung der Botin zugeordnet, ist in der Herzgegend angekommen und scheint in der Weiterführung dieses Gestus die Rechte des Engels ergreifen zu können. Eine daraus sich ergebende Körperdrehung des Propheten zur rechten Bildseite hin, rückte die, wie eine Gebärmutter plastisch gestaltete, Visionsblase in dessen Blickfeld.

Chagall gestaltet auf diesem Gemälde nicht einen Zu-Stand, sondern ein Werden. Er malt auch in diesem Sinne perspektivisch. Hier, in diesem Mutterschoß – ein Wort das im Hebräischen gleichbedeutend ist mit ‚Barmherzigkeit' Gottes – ist die Vision, die Verheißung, das Werdende schon gegenwärtig: // AUS DEM BAUMSTUMPF ISAIS WÄCHST EIN REIS HERVOR, EIN JUNGER TRIEB AUS SEINEN WURZELN BRINGT FRUCHT ... DANN WOHNT DER WOLF BEIM LAMM, DER PANTHER LIEGT BEIM BÖCKLEIN. KALB UND LÖWE WEIDEN ZUSAMMEN, EIN KLEINER KNABE KANN SIE HÜTEN. KUH UND BÄRIN FREUNDEN SICH AN, IHRE JUNGEN LIEGEN BEIEINANDER. DER LÖWE FRISST STROH WIE DAS RIND. DER SÄUGLING SPIELT VOR DEM SCHLUPFLOCH DER NATTER, DAS KIND STRECKT SEINE HAND IN DIE HÖHLE DER SCHLANGE ... // [Jes 11,1-8]

Das Grün der Visionsblase stellt eine farbliche Verbindung her zur Gestalt des Jesaja: Das zeugende, hervorbringende Grün berührt seinen linken Fuß, der zu einem kraftvollen Schritt angesetzt hat; grün ist die Farbe der linken Hand, die im Geschlechtsbereich gehalten wird; grün ist das männliche Gesicht, wie häufig auf Chagalls Bildern. Grün ist in der Verheißungs-Blase auch der hervorbringende Nährboden, aus dem eine jünglinghafte Gestalt, die eine angedeutete Aureole trägt, sich aufrichtet [vgl. ABB. 15b]; ist er der Verheißene? // DER GEIST JHWHs LÄSST SICH NIEDER AUF IHM: DER GEIST DER WEISHEIT UND DER EINSICHT, DER GEIST DES RATES UND DER STÄRKE, DER GEIST DER ERKENNTNIS UND DER FURCHT JHWHs. // [Jes 11,2]

Und ist nicht Jesaja in seiner körperlichen Massivität, in den Farben braun und grün auch // ...DER BAUMSTUMPF JESAJA, AUS DEM EIN REIS HERVORWÄCHST ... // (vgl. oben, [Jes 11,1])?

Weiß ist die zweite bestimmende Farbe in der ‚Gebärmutter'. Es ist das Licht des Engelswesens, das am oberen Bildrand wie eine leicht gerundete Schale schwebt, die Verheißungs-Blase berührend und ausgespannt bis zum Kopfbereich des Propheten, auf diese Weise eine übergeordnete Verbindung herstellend. Und es gibt noch eine weitere motivische Verbindung zwischen beiden Bildhälften: Im rechten unteren Eckbereich das // ZEICHEN: SEHT DIE JUNGE FRAU WIRD EIN KIND EMPFANGEN,

[ABB. 15b]

SIE WIRD EINEN SOHN GEBÄREN UND SIE WIRD IHM DEN NAMEN IMMANUEL (GOTT MIT UNS) GEBEN // [Jes, 7, 14]. Die Form des blauen Feldes, in dem sie sichtbar wird, erinnert an die Flammenflügel des roten Engelswesens. Die gesamte rechte Bildhälfte ist dem Werdenden gegeben.

In der linken unteren Bildecke findet sich das wiedererstandene Jerusalem mit dem Davidsturm. Es liegt nicht, wie es geografisch stimmig wäre, auf einer Anhöhe. Es ist eingebettet in eine goldene Schale, die die Form des weißen Engels am oberen Bildrand wiederholt, sowie die der Arme der Feuerbotin. Darunter eine Gruppe von circa sechzehn Menschen, die in verschiedene Richtungen blicken, Verschiedenes im Blick haben und in ihrem Beisammensein doch *ein* Volk verkörpern.

[ABB. 15c]

Eine Palme erwächst über ihnen, am Rande der Stadt und weist hinauf zum Baum des Kreuzes, zur Szene der Kreuzigung, an dem der „jüdische Märtyrer" Jesus (Chagall bezeichnet ihn immer als solchen und bildet ihn stets mit dem Lendenschurz ab, der ein Gebetsmantel ist) hingerichtet ist. Eine Andeutung von Grün ist auch hier im Brustbereich des Gekreuzigten und im Lendenschurz zu erkennen. Leiden und Zerstörung auf der einen, Verheißung auf der anderen Seite konstituieren das ganze Bild der Wirklichkeit. Die Menschengestalten beim Kreuz sitzen, stehen, gestikulieren, halten eine Leiter, die Leiter zur Kreuzabnahme des Getöteten, oder die Himmelsleiter des Jakob? [vgl. ABB. 15c]

Feuer wärmt, leuchtet, wandelt; der Übergang zum Flammeninferno kann sich rasch ereignen. Mit 82 Jahren hat Chagall diese Ambivalenz auf seinem Ölgemälde darzustellen gewagt.

// EHE ES WÄCHST
LASSE ICH ES EUCH ERLAUSCHEN. //
[Jes 42,9]

ENGEL DER BITTENDEN

Engel der Bittenden,
nun, wo das Feuer wie ein reißendes Abendrot
alles Bewohnte verbrannte zur Nacht –
Mauern und Geräte, den Herd und die Wiege,
die alle abgefallenes Stückgut der Sehnsucht sind –
Sehnsucht, die fliegt im blauen Segel der Luft!

Aber immer noch spielen die Kinder im Sande,
formen übend ein Neues aus der Nacht heraus
denn warm sind sie noch von der Verwandlung.
Engel der Bittenden,
segne den Sand,
lass ihn die Sprache der Sehnsucht verstehn,
daraus ein Neues wachsen will aus Kinderhand,
immer ein Neues!

NELLY SACHS

ABB. 16 HOHELIED V, 1965/66

DAS HOHELIED SALOMONS

HLD 1–8

Message Biblique Marc Chagall (Biblische Botschaft Marc Chagall) ist das Thema, dem siebzehn Gemälde des Künstlers im Musée National Marc Chagall in Nizza zugeordnet sind. Fünf dieser Gemälde sind dem Buch des Hoheliedes gewidmet. Ihnen ist im Museum ein eigener Raum vorbehalten. Das vorstehende Gemälde ist das Fünfte, der Abschluss des Zyklus „Das Hohelied Salomons". Die räumliche Gewichtung der Bilder im Museum entspricht dem rituell-liturgischen Umgang mit dem Text des Hoheliedes im Elternhaus Marc Chagalls und in allen gläubigen jüdischen Haushalten, in denen jeder Sabbat mit der Rezitation dieses Liebesliedes begrüßt wird, das die bräutliche Liebe zwischen JHWH und seinem Volk Israel besingt, die am siebten Tag gefeiert und erfahrbar wird: am Tag der Ruhe, des Lassens, der Freiheit von aller Knechtung.

Nach einer mystischen Erfahrung der Begegnung mit Mose und David, sieht Chagall sich – gleichsam als neuer Mose (deshalb die häufige Selbstdarstellung als Ziegenbock mit zwei Hörnern, die den beiden Strahlen des Mose entsprechen) – beauftragt, als jüdischer Maler angesichts der Shoah, mit der Kraft seiner Kunst, Botschafter der Liebe und Versöhnung zu sein. Und David, so schreibt er „... *will bei mir sein in meinem Weinen und mir helfen Psalmen zu singen"*, d.h. aus der Lähmung des Entsetzens wieder zum künstlerischen Schaffen zu finden, das er als einen Vermittlungsprozess zwischen Himmel und Erde begreift.

Die Botschaft der Liebe zu künden, ist ein Anliegen, das Chagall nicht müde wird in künstlerisches Gestalten umzusetzen und auch in Worten zum Ausdruck zu bringen:

„Ich weiß, der Lebensweg ist ewig und kurz. Und als ich noch im Bauch meiner Mutter war, habe ich gelernt, dass dieser Weg besser liebend als hassend zurückgelegt wird. Vor langen Jahren habe ich diese Überlegungen bereits angestellt, als ich mich auf die Radierungen zur Bibel vorbereitete, und sie waren es, die mir Mut machten, dem jüdischen Volk mein bescheidenes Geschenk zu geben. Diesem jüdischen Volk, das seit jeher von der biblischen Liebe geträumt hat, von Freundschaft und Frieden mit allen Völkern …"

An anderer Stelle formuliert er:

„Trotz der Schwierigkeiten in unserer Welt habe ich die Liebe, in der ich erzogen wurde, in meinem Innern nie aufgegeben … In unserem Leben gibt es nur eine einzige Farbe, die dem Leben und der Kunst Sinn verleiht, die Farbe der Liebe … Man muss nicht draußen in der Natur nach den Schlüsseln der Harmonie und zum Glück suchen, sondern in sich selbst. Wir halten sie in unseren eigenen Händen. Und meine Versuche sind nur eine schwache Antwort auf diese Herausforderung. Die Kunst, die ich seit meiner Kindheit ausübe, hat mich gelehrt, dass der Mensch zur Liebe fähig ist und dass die Liebe ihn retten kann … Alle meine Bilder sind ein Abbild dessen, was ich wie in einem Himmel gesehen und jeden Tag in meiner Seele gespürt habe."

Auch in seiner Rede zur Feier der Eröffnung des Chagall-Museums an seinem 86. Geburtstag, am 7.7.1973 spricht Chagall eindringlich von seinem Anliegen:

„Ich wollte sie (die Gemälde) in diesem Haus unterbringen, damit die Menschen hier einen gewissen Frieden, eine gewisse Geistigkeit, eine Religiosität, einen Lebenssinn finden können. Die Gemälde veranschaulichen in meiner Vorstellung nicht den Traum eines einzigen Volkes, sondern den der Menschheit …
Wenn alles Leben unaufhörlich seinem Ende zustrebt, müssen wir es für die Dauer des unsrigen mit den Farben unserer Liebe und Hoffnung kolorieren. In dieser Liebe sind die soziale Lebenslogik und das Wesentliche jeder Religion enthalten …
Die Perfektion im Leben und in der Kunst ist mir aus der biblischen Quelle gekommen."

// STARK WIE DER TOD IST DIE LIEBE,
HART WIE DIE UNTERWELT DIE LEIDENSCHAFT.
IHRE BRÄNDE SIND FEUERBRÄNDE, MÄCHTIGE FLAMMEN.
GROSSE WASSER KÖNNEN DIE LIEBE NICHT LÖSCHEN.
STRÖME SCHWEMMEN SIE NICHT FORT. //
[Hld 8,6f]

Das Buch „Hohelied der Liebe" – hebräisch „Lied der Lieder Salomos" – ist eine Sammlung von Liebesliedern aus mehreren Jahrhunderten, die den Zauber der Liebe zwischen Mann und Frau in immer neuen Variationen besingen mit sinnenfrohen Bildern und Metaphern aus dem Bereich der Natur. Das Mädchen und der junge Mann – Sulamith und Salomo – bewundern wechselseitig aneinander Schönheit, Vorzüge, Anziehungskraft, Ausstrahlung, und versichern einander ihre Liebe und Treue.
Erotik, Leiblichkeit, Begehren, Sexualität und Liebesgenuss werden unbefangen und selbstverständlich bejaht. Die

Beziehung zwischen Mann und Frau ist dialogisch und völlig gleichrangig – erstaunlich für die damalige Zeit.

Gott wird im Hohelied nie ausdrücklich erwähnt. Für die Israelitinnen und Israeliten waren Eros, körperliche Liebe und Sexualität nichts rein Profanes, vielmehr eine heilige, göttliche Kraft, betont doch [Gen 1,27], dass der Mensch als Mann und Frau Bild Gottes ist, also auch in seiner Geschlechtlichkeit und in seiner Beziehung zum anderen Geschlecht.

In der Auslegungstradition wurde das Hohelied zur Allegorie für die Beziehung zwischen JHWH und Israel.

// ICH TRAUE MICH DIR AN UM DEN BRAUTPREIS VON LIEBE UND ERBARMEN.// [Hos 2,21]

// MIT EWIGER LIEBE HABE ICH DICH GELIEBT, DARUM HAB ICH DIR MEINE TREUE BEWAHRT. // [Jer 31,3]

// GOTT IST DIE LIEBE. // [1 Joh 4,8]

Die „Farbe der Liebe", das Rot in unzähligen Schattierungen ist die Basisfarbe aller fünf Gemälde zum Hohen Lied, so auch hier. Das Querformat ist wie die Zusicherung der Erdzugewandtheit der himmlischen Liebe; sie lässt sich breit in der Horizontalen nieder.

Mittig, und nur leicht nach links gerückt, über einer Landschaft, die wichtige biographische Lebensorte Chagalls in einen einzigen spirituellen Ort zusammenfügt, ruht ein astrales Zeichen, das mehr als ein Drittel der Bildhöhe einnimmt (Goldener Schnitt?). In zweiundzwanzig Vorstudien hat Chagall an diesem Zeichen gearbeitet, was seine Bedeutsamkeit unterstreicht.

Ein innerer, rot umrandeter Halo birgt, kaum erkennbar, eine Kopfandeutung – Offenbarung und Verhüllung Gottes zugleich, das Tor zum Himmel ist geöffnet. Umkränzt wird der Halo von einem sechszackigen Stern, in allen für Chagall bedeutsamen Farben. Er erinnert, trotz seiner leichten formalen Abwandlung, an den Davidsstern. Der linke Strahl ist, wie in Scheue, durch einen weißen Vogel verdeckt. Er ist das bewegte und grenzüberschreitende Element in diesem stabil und ruhend wirkenden Himmelszeichen. Der Stern seinerseits ist wiederum eingebettet in einen Halo, der wenig aus dem oberen Bildrand hinaustritt, über das, was mit unseren Sinnen ‚dingbar' gemacht werden kann. Dieser Himmelskörper, die Gegenwart Gottes, der alle Ausfaltungen der Liebe entspringen, vereint Männliches und Weibliches in seinen runden und gezackten Formen und spielt an auf das biblische Wort: // DENN GOTT BIN ICH UND KEIN MANN // [Hos 11,9].

Mann und Frau in Grün, der Farbe der Ekstase und des zeugend Hervorbringenden, und im Herrlichkeitsgelb, sind fast bis zur Höhe des Himmelskörpers erhoben, in Annäherung zur göttlichen Liebe; der Mann im Seitenprofil und in herzendem Gestus, wie es im Hohelied besungen wird: // SEINE LINKE LIEGT UNTER MEINEM KOPF, SEINE RECHTE HERZT MICH // [Hld 2,6], die Frau en face und mit verhaltener Andeutung der Brüste.

Die rechte obere Bildhälfte ist schwebenden männlichen und weiblichen Gestalten gewidmet [vgl. ABB. 16a]. Ein Paar entsprießt gleichsam der göttlichen Himmelsleuchte. Rot sind die wallenden Haare der Frau (// EINE HENNABLÜTE IST MEINE GE-LIEBTE // [Hld 1,14] und ihre Geschlechtshaare gleichen einem Kräuter-Strauß (// WENN DER TAG VERWEHT UND DIE SCHATTEN WACH-SEN, WILL ICH ZUM MYRRHENBERG GEHEN, ZUM WEIHRAUCHHÜGEL. // [Hld 4,6]

[ABB. 16a]

Hinter dem Paar, am oberen Bildrand wird ein Gesicht deutlich, das zum Sonnenzeichen blickt. Eine Schwebende mit ausgebreiteten Armen rundet das rechte obere Eck ab, in dem ein Liebespaar bei den Schafen in einen Blütenbaum gebettet ist (// ...DU SCHÖNSTE DER FRAUEN, FOLGE DEN SPUREN DER SCHAFE, WEIDE DEINE ZICKLEIN DORT, WO DIE HIRTEN LAGERN. // [Hld 1,8]), der die Farben des Lichtkörpers wiederholt. Am oberen Bildrand verschwindet über den Köpfen der Schwebenden, die ihrerseits in Bogenform angeordnet sind, der Restbogen einer Sonne, deren Licht angesichts der Herrlichkeitserscheinung verdunkelt (// BEI TAG WIRD NICHT MEHR DIE SONNE DEIN LICHT SEIN, UND UM DIE NACHT ZU ERHELLEN , SCHEINT DIR NICHT MEHR DER MOND, SONDERN JHWH IST DEIN EWIGES LICHT, DEIN GOTT DEIN STRAHLENDER GLANZ. // [Jes 60,19]; // ... SIE BRAUCHEN WEDER DAS LICHT EINER LAMPE, NOCH DAS LICHT DER SONNE. DENN JHWH, IHR GOTT, WIRD ÜBER IHNEN LEUCHTEN... // [Offb 22,5])

Fünf Sträuße und Bäume schmücken und beleben die rechte Bildhälfte. Sie sind verschiedenen Weisen der Liebe zugeordnet: der Liebe zwischen Mann und Frau, am Fußende des Bettes am unteren Bildrand, dem liegenden Paar rechts

[ABB. 16b]

oben, und den aus dem Himmelskörper Herausschwebenden. Sie symbolisieren auch die Liebe des Schenkens: eine Hand reicht von rechts einen Strauß in die Szene hinein; der größte, die Farben der göttlichen Sonne widerspiegelnde Baum steht dort – rechts unten –, wo ein mit der Gebetskapsel Geschmückter in meditativ liebender Versenkung den Schofar bläst: Gepaart sind hier die beiden Vögel im Gezweige, gepaart die Schafe am Stamm, gepaart auch die Liebenden, beide in einen Brautschleier eingehüllt. Hier scheint die Liebe verdichtet zu sein, hier in Witebsk, der Stadt der glücklichen Kindheit Chagalls. Sein Elternhaus, mit offenstehender Tür, ist hinter dem Brautpaar erkennbar, ebenso wie die Auferstehungskirche in Grün und Weiß, die, eingereiht in einen Häuserbogen, wie eine Umfriedung die Szene in der rechten unteren Bildhälfte schützt. [vgl. ABB. 16b]

Aus Witebsk heraus, wie aus einer Quelle, formiert sich ein breiter Strom, der nach links unten fließt, zum riesigen Bett hin am unteren Bildrand. Dem Bett entlang geht sein Lauf, wie ein Zusammenfluss, die Stadt Jerusalem umrundend, und schließlich, am Kopfende des Bettes, an der Stelle der Berührung mit dem Kissen, geht er in aufsteigender Bewegung über in den transparenten Schleier einer ähren- und blütengeschmückten Braut, die Himmel und Erde verbindet.

Drei Namen hat dieser Strom: „Dwina" ist sein erster, der Fluss der weißrussischen Heimat Chagalls. Er wird zur „Seine" mit der charakteristischen Brücke, über die sich ein Weg schlängelt, der wie ein weiblicher Kopf anmutet. Der Fluss der Kindheit ist weitergeflossen nach Paris an der Seine, zur Stadt der zweiten Geburt, der neuen Heimat des Verfolgten. Und schließlich erreicht er, zum Kidron geworden, im Bachtal zwischen Jerusalem und Getsemani fließend, den Ort der ersehnten endgültigen Heimat.

Der Strom verbindet und trennt: Von Witebsk reicht ein Pfeil, den Fluss überragend, in den Himmel hinein. Im Pfeil eingeschlossen überfliegt ein Vogel die Ufer. Die Brücke verbindet Witebsk mit dem grün-goldenen Liebespaar. Ein anderes Paar scheint von der Brücke zum Bett hin zu kommen. Zwei Boote, das häufige Motiv der Halbmonde aufgreifend, des verschlüsselten JHWH-Namens, queren das Gewässer. Ein Engel überfliegt die Ufer, und eine Gruppe von vier Menschen (zwei Paare?), mit Zimbeln und einem Schofar musizierend, ziehen die Musik aus jener Welt in die diesseitige; so versteht Chagall das Musizieren.[9] Auch diese vier Menschen – untereinander verbunden – verbinden das Brautbett mit dem Flussbett.

Das diwanartige Brautbett, weiß wie die Offenbarungsfarbe, erstreckt sich an der Basis des Gemäldes. Das hohe gekrönte Kopfende, flankiert von zwei Löwen, den Löwen Judas, trägt in hebräischen Buchstaben die Inschrift „Jerusalem". Auf das Bett legt eine Hand ein geöffnetes Buch, das Hohelied? Bei der Nackenrolle steht ein gekröntes Tier in Blau, der Farbe des Zeitlosen, auch dessen, was unter und über der diesseitigen Wirklichkeit ist. Steht es als Symbol für eine alle Kreaturen umschließende Liebe?

In die Fluss- und Bettbeuge hinein schmiegt sich rotflächig die Stadt Jerusalem, erkennbar an den Kuppeln. „Jeruschalajim", im Hebräischen weiblich, ist die Geliebte, die Braut, – die beiden Hügel der Städte Witebsk und Jerusalem in weiblicher Rundung – zu der der himmlische König im lilafarbenen Gewand, in lang gestreckter Form, herabschwebt. Und dieses Herab ist zugleich ein Hinauf der floral geschmückten Braut, die den König fast überragt und zu der er aufblickt. Wie eine Brautgabe trägt der Liebende die Harfe, die auch Tora sein könnte, beides göttliche Gaben in Musik und Wort.

Ein Feuervogel mit einer Spannweite, die dem Durchmesser des Offenbarungssternes entspricht, und der seinen Blick dorthin richtet, obwohl seine Bewegung gegenläufig ist, verdeckt fast gänzlich den Kopf des Königs. Sein Rot entspricht den roten Haaren der Frauengestalt gegenüber. Die Vögel sind die Wesen, die beiden Wirklichkeiten angehören, dem Weiß der Offenbarung, dem Rot des Irdischen. Ihr Flug zwischen den Sphären versinnbildlicht die Sehnsucht und das Streben nach Austausch und Vereinigung. Diese Welt und jene Welt wollen in jedem Menschen zur Einheit kommen, so versteht es die chassidische Tradition, so sieht es Chagall, der auf dem Boden des Chassidismus steht, und der vom obersten linken Bildrand zur weißen Braut hinblickt.

// NICHT LÄNGER NENNT MAN DICH ‚DIE VERLASSENE' UND DEIN LAND NICHT MEHR ‚ÖDLAND', SONDERN MAN NENNT DICH ‚MEINE WONNE', UND DEIN LAND ‚DIE VERMÄHLTE', UND DEIN LAND WIRD MIT IHM VERMÄHLT … WIE DER JUNGE

Das gesamte Gemälde thematisiert auch formal das In- und Miteinander göttlich-menschlich-kreatürlichen Daseins: im Schweben der Vögel und menschlicher Gestalten in allen Bildräumen, im Auf und Ab, wie es das Gebet im Chassidismus vorsieht: „Das Gebet ist eine Paarung mit der Herrlichkeit Gottes. Darum soll der Mensch sich im Anbeginn des Gebets auf und nieder bewegen, dann aber kann er auch unbewegt stehen und wird an der Herrlichkeit haften, in einem großen Haften." (M. Buber)

Das In- und Miteinander wird formal auch deutlich im Ineinanderfließen von himmlischen und irdischen Räumen: im Fließen des Stromes; in der zeit- und raumübergreifenden Zuordnung von geografischen Orten und Geschehnissen; in der durch häufige Retuschen bewirkten Mehrschichtigkeit, die das Untergründige evoziert und auch wieder unter dem Sichtbaren verbirgt; im Weiblichen und Männlichen in liebender Vereinigung; in der weiblichen Seite Gottes, die in Chagalls Werk eine bedeutsame Rolle spielt, und die im zentralen Astralzeichen deutlich wird; und schließlich im evokativen Anspruch des Gemäldes, das die Betrachtenden zu einem Dialog auffordert.

Rabbi Chanoch sprach: „Auch die Völker der Erde glauben, dass zwei Welten sind: ‚auf jener Welt' sagen sie. Der Unterschied ist dies: Sie meinen, die Zwei seien voneinander abgehoben und abgeschnitten, Israel aber bekennt, dass beide Welten im Grunde eine sind und dass sie eine werden sollen."

Dieses Gemälde ist das einzige aus dem gesamten Zyklus, auf dem kein brennendes Haus, keine Fliehenden, kein Kreuz, keine Zerstörung, nichts Dunkles zu entdecken ist. Es ist die Bild gewordene Sehnsucht Chagalls nach dem messianisch Endgültigen.

ANMERKUNGEN

[1] Goldmann, Christoph, Message Biblique Marc Chagall – Der Bildmidrasch eines jüdischen Malers zur Hebräischen Bibel, 2 Bände, Dissertation, Heidelberg 1989.

[2] Chagall versteht sich in seinem künstlerischen Schaffen als zweiter Mose, zumal sein erster Vorname ‚Mosche' war. Den Kopfstrahlen des Mose, die er bescheidenerweise sich nicht als Attribut zuordnen möchte, entsprechen die Hörner der Ziege.

[3] Chagall sieht in Jesus einen jüdischen Märtyrer. Er malt ihn oft stellvertretend für die vielen Hingerichteten seines Volkes.

[4] Vgl. Goldmann a. a. O., S. 135: Martin Buber, Bilder von Gut und Böse.

[5] Übersetzung aus: Gabriele Theuer (Hrsg.), Grundkurs Männer, Frauen und die Bibel, Bd. 2, Stuttgart 2003.

[6] Marc Chagall: „Sur l'échelle de Jacob", in: Poèmes, Genf 1975, S.95f. und Wynne, Christopher, Bild Biographie, Marc Chagall, Prestel Art Guide 2004, vgl. Goldmann, a.a.O.

[7] Goldmann a. a. O., S. 309

[8] S. Anm. 5

[9] Goldmann a. a. O., S. 447

QUELLENNACHWEIS

S. 15: Rainer Maria Rilke, Das Stundenbuch, Vom mönchischen Leben, in: ders., Werke, Insel Verlag, Bd. 1, S. 50.

S. 23: Karoline von Günderode, Die eine Klage, aus: Gabriele Theuer (Hrsg.), Grundkurs Männer, Frauen und die Bibel, Stuttgart 2003, Bd. 2, 5/M/1-1.

S. 41: Goldmann, Christoph, Message Biblique Marc Chagall – Der Bildmidrasch eines jüdischen Malers zur Hebräischen Bibel, Bd. I, Analyse und Interpretation, Dissertation 1989 Heidelberg, S. 186, Übersetzung: I. Köninger.

S. 66: Nelly Sachs, O Israel, in: Nelly Sachs, Fahrt ins Staublose, Gedichte, S. 90f, © Suhrkamp Verlag Frankfurt am Main 1988

S. 77: Elizabeth Barrett Browning: The poetical works. New York 1910.

S. 83: Rainer Maria Rilke, Werke, Insel Verlag, Bd. 3, S. 161.

S. 95: Goldmann a. a. O., S. B 187.

S. 99: Rainer Maria Rilke, Der Tod des Moses, in: ders., Werke, Insel Verlag, Bd. 3, S. 102.

S. 99: ebd.

S. 99: Goldmann a. a. O., S. B 177.

S. 106: Christa Peikert-Flaspöhler, Heut singe ich ein anderes Lied, in: Frauen brechen ihr Schweigen, © rex verlag, Luzern 1992.

S. 124: Rainer Maria Rilke, Werke, Insel Verlad, Bd. 2, S. 323.

S. 125: Rainer Maria Rilke, Werke, Insel Verlag, Bd. 1, S. 157.

S. 135: Nelly Sachs, Engel der Bittenden, in: Bengt Holmqvist (Hrsg.), Das Buch der Nelly Sachs, Frankfurt am Main 1991, S. 10/11, © Suhrkamp Verlag Frankfurt am Main 1991

S. 138: Goldmann a. a. O., S. 457.

S. 139: Goldmann, a. a. O., S. 480.

S. 139: Goldmann a. a. O., S. 482.

S. 140: Goldmann, a. a. O., S. 481.

S. 147: Goldmann, a. a. O., S. 434, aus: Martin Buber, Des Baal-Schem-Tow Unterweisung im Umgang mit Gott, S. 52.

S. 147: Goldmann, a. a. O., S. 434, aus: Martin Buber, Die Erzählungen der Chassidim, S. 841.

BILDNACHWEIS

Für alle Werke Marc Chagalls © VG Bild-Kunst, Bonn 2007   * Ausschnitt

ABB. 1 S. 10, 12*, 14*
Die Erschaffung des Menschen, 1960–1966
Öl auf Leinwand, 299 x 200 cm, MBMC 1, Nizza, Musée national Message biblique Marc Chagall
Foto: Bildarchiv Preußischer Kulturbesitz/RMN/Gérard Blot, Berlin

ABB. 2 S. 16/17, 19*, 20*, 21*
Das Paradies, 1961
Öl auf Leinwand, 198 x 288, MBMC 2, Nizza, Musée national Message biblique Marc Chagall
Foto: Bildarchiv Preußischer Kulturbesitz/RMN/Gérard Blot, Berlin

ABB. 3 S. 24/25, 28*, 30*
Die Vertreibung von Adam und Eva aus dem Paradies, 1961
Öl auf Leinwand, 190 x 283 cm, MBMC 3, Nizza, Musée national Message biblique Marc Chagall
Foto: Bildarchiv Preußischer Kulturbesitz/RMN/Gérard Blot, Berlin

ABB. 4 S. 32/33, 37*, 38*, 40*
Noach und der Regenbogen, 1961–66
Öl auf Leinwand, 205 x 295, MBMC 5, Nizza, Musée national Message biblique Marc Chagall
Foto: Bildarchiv Preußischer Kulturbesitz/RMN/Gérard Blot, Berlin

ABB. 5 S. 42/43, 46*, 47*, 48*
Abraham und die drei Engel, 1960–1966
Öl auf Leinwand, 190 x 292 cm, MBMC 6, Nizza, Musée national Message biblique Marc Chagall
Foto: Bildarchiv Preußischer Kulturbesitz/RMN/Gérard Blot, Berlin

ABB. 6 S. 50/51, 54*, 57*
Jakobs Traum, 1960–1966
Öl auf Leinwand, 195 x 278 cm, MBMC 8, Nizza, Musée national Message biblique Marc Chagall
Foto: Bildarchiv Preußischer Kulturbesitz/RMN/Gérard Blot, Berlin

ABB. 7 S. 58, 63*, 64*, 65*
Der Kampf Jakobs mit dem Engel, 1960–1966
Öl auf Leinwand, 251 x 205 cm, MBMC 9, Nizza, Musée national Message biblique Marc Chagall
Foto: Bildarchiv Preußischer Kulturbesitz/RMN/Gérard Blot, Berlin

ABB. 8 S.67, 70*, 71*, 72*
Die Unterdrückung der Hebräer, 1966
Farblithographie aus dem Zyklus „Exodus", 45,2 x 33,5 cm
Foto: Verlag Katholisches Bibelwerk GmbH, Stuttgart

ABB. 9 S. 74/75, 79*, 80*, 82*
Moses vor dem brennenden Dornbusch, 1960–1966
Öl auf Leinwand, 195 x 312 cm, MBMC 10, Nizza, Musée national Message biblique Marc Chagall
Foto: Bildarchiv Preußischer Kulturbesitz/RMN/Gérard Blot, Berlin

ABB. 10 S. 84/85, 89*, 91*
Mose schlägt Wasser aus dem Felsen, 1960–1966
Öl auf Leinwand, 237 x 232 cm, MBMC 11, Nizza, Musée national Message biblique Marc Chagall
Foto: Bildarchiv Preußischer Kulturbesitz/RMN/Gérard Blot, Berlin

ABB. 11 S. 92, 96*, 97*, 98*
Mose und Josua, 1966
Farblithographie aus dem Zyklus „Exodus", 45 x 33,1 cm
Foto: Verlag Katholisches Bibelwerk GmbH, Stuttgart

ABB. 12 S. 100, 103*, 104*, 105*
Debora, 1978–1985
Chorfenster, Pfarrkirche St. Stephan, Mainz
Foto: ars liturgica Buch- und Kunstverlag Maria Laach, Nr. 5316

ABB. 13 S. 107, 6*, 110*, 111*, 112*, 114*
König David, 1962
Öl auf Leinwand, 180 x 98 cm, Privatsammlung
Foto: Verlag Katholisches Bibelwerk GmbH, Stuttgart

ABB. 14 S. 116/117, 121*, 123*
Der Prophet Jeremia, 1968
Öl auf Leinwand, 115 x 146 cm, DMBMC 1990.1.8, Nizza, Musée national Message biblique Marc Chagall
Foto: Bildarchiv Preußischer Kulturbesitz/RMN/Gérard Blot, Berlin

ABB. 15 S. 126/127, 130*, 133*, 134*
Der Prophet Jesaja, 1968
Öl auf Leinwand, 114 x 146 cm, MBMC 1997-1, Nizza, Musée national Message biblique Marc Chagall
Foto: Bildarchiv Preußischer Kulturbesitz/RMN/Gérard Blot, Berlin

ABB. 16 S. 136/137, 143*, 144*, 148*
Hohelied V, 1965/66
Öl auf Leinwand, 150 x 226, MBMC 17, Nizza, Musée national Message biblique Marc Chagall
Foto: Bildarchiv Preußischer Kulturbesitz/RMN/Gérard Blot, Berlin